Schlüsseltexte der Psychologie

Herausgegeben von
H. E. Lück, Hagen, Deutschland

Dem Lebenswerk und den Originalschriften der „großen Psychologen" wie Freud, Jung, Watson oder Festinger wird im Psychologiestudium und in der akademischen Psychologie wenig Aufmerksamkeit zuteil. Ziel dieser Reihe ist die Auswahl, Aufbereitung und Kommentierung klassischer Lektüre in einer Form, die für Studierende und Psychologie-Interessierte verständlich und anregend ist. Die Konfrontation mit diesem klassischen Lesestoff und die Beschäftigung mit der Geschichte des eigenen Faches soll neue Perspektiven eröffnen und den Lesern einen breiteren Zugang zur Psychologie ermöglichen.

Herausgegeben von
Helmut E. Lück
FernUniversität in Hagen, Deutschland

Georg Eckardt

Persönlichkeits- und Differentielle Psychologie

Quellen zu ihrer Entstehung und Entwicklung

 Springer

Georg Eckardt
Jena, Deutschland

Schlüsseltexte der Psychologie
ISBN 978-3-658-13941-4   ISBN 978-3-658-13942-1   (eBook)
DOI 10.1007/978-3-658-13942-1

Die Deutsche Nationalbibliothek verzeichnet diese Publikation in der Deutschen National-
bibliografie; detaillierte bibliografische Daten sind im Internet über http://dnb.d-nb.de abrufbar.

Gedruckt auf säurefreiem und chlorfrei gebleichtem Papier

Springer ist Teil von Springer Nature
Die eingetragene Gesellschaft ist Springer Fachmedien Wiesbaden GmbH
Die Anschrift der Gesellschaft ist: Abraham-Lincoln-Str. 46, 65189 Wiesbaden, Germany

Inhaltsverzeichnis

II. Quellen zur Begründung und Entwicklung einer wissenschaftlichen Persönlichkeits- und Differentiellen Psychologie

Vorwissenschaftliche Quellen persönlichkeits- und differentiell- psychologischen Denkens

Einleitung

Die vorliegende Publikation ist eine kommentierte Quellensammlung zur Vorgeschichte und Geschichte der Persönlichkeits- und Differentiellen Psychologie. Nachdem in den vergangenen Jahren in der von H. E. Lück herausgegebenen Reihe ‚Schlüsseltexte der Psychologie' Quelleneditionen zur Geschichte von Teildisziplinen der Psychologie erschienen sind (Entwicklungspsychologie/Pädagogische Psychologie, 2013; Sozialpsychologie, 2015), soll ein dritter Versuch dieser Art unternommen werden. Ging es bei der erstgenannten Teildisziplin um das Individuum in seiner Entwicklung, bei der zweitgenannten um das Individuum in seinen sozialen Bezügen, soll nunmehr das Individuum in seiner ‚Einzigartigkeit', m. a. W. die Individualität des Individuums, Gegenstand einer wissenschaftshistorischen Analyse sein.

Als sich im letzten Viertel des 19. Jahrhunderts die Psychologie unter maßgeblicher Mitwirkung von Wilhelm Wundt als eigenständige Wissenschaft zu etablieren begann (Institutsgründung in Leipzig 1879), war das primäre Forschungsziel dieser ‚neuen' Wissenschaft die Auffindung von a l l g e m e i n e n Gesetzen des ‚Seelenlebens'. Sehr bald reifte dann aber die Einsicht in die Notwendigkeit heran, dass die „generalisierte Betrachtung" der experimentellen Allgemeinen Psychologie einer Ergänzung durch die Untersuchung der „seelischen Besonderheiten" der einzelnen Individuen bedürfe. Dieser Einsicht im deutschsprachigen Bereich prägnant Ausdruck verliehen zu haben, ist in erster Linie das Verdienst William Sterns, der (nach einer Vorarbeit von 1900) mit dem Buch „Die Differentielle Psychologie in ihren methodischen Grundlagen" (1911) das Eröffnungswerk dieser Teildisziplin im Rahmen der Psychologie als einer theoriegeleiteten empirischen Wissenschaft vorlegte. Stern war zwar nicht der einzige, aber der zentrale Autor in diesem Entstehungsprozess.

In der Sekundärliteratur finden wir weitere Hinweise auf Autoren, denen das Prädikat ‚Vater' oder ‚Begründer' der Persönlichkeits- bzw. Differentiellen Psychologie zuerkannt wird. Nach Plaum (1980, S. 64) habe Francis Galton (1822 – 1911; 1889) „die ‚Differentielle Psychologie' begründet". Schneewind (1992, S. 110) berichtet, dass James McKeen Cattell (1860 – 1944; 1890), ein Wundt-Schüler, „nach seiner Rückkehr in die USA dort zum Vater der Differentiellen Psychologie" avancierte. W. Stern selbst weist in der Bibliographie zu seinem Buch von 1911 (S. 388) auf zwei französische Kollegen – A. Binet (1857 – 1911) und V. Henri (1872 – 1940) – und deren programmatischen Artikel ‚La psychologie individuelle' in der Zeitschrift ‚Année psychologique' (1896) hin.

Zweifellos lieferten die genannten und weitere Autoren substantielle Beiträge und Ideen, die sich für die Zukunft als fruchtbar erwiesen, das Verdienst, ein ausgereiftes System konzipiert zu haben, das sich in theoretischer, methodischer und terminologischer Hinsicht als ausgesprochen nachhaltig auszeichnete, ist jedoch W. Stern zuzusprechen. Unter diesem Aspekt liegt es nahe, eine Zäsur zwischen Vorgeschichte und (eigentlicher) Geschichte der Persönlichkeits- und Differentiellen Psychologie zu setzen und diese Zäsur mit dem Werk Sterns bzw. dem Jahr 1911 zu verknüpfen.

Teil 1 (Vorgeschichte) umfasst die Kapitel 1 – 9, Teil 2 (Geschichte) die Kapitel 10 – 27 des vorliegenden Buches.

Eine Einleitung dient im allgemeinen dazu, dem Leser/der Leserin eine Orientierung zu geben, was ihn/sie erwartet und was der Autor intendiert. Folgende Prolegomena sind in diesem Zusammenhang m. E. von Belang:

a) allgemeine Aufgabenstellung des Buches, b) Umfang, Gegenstandsbegrenzung, Auswahlkriterien, c) Adressaten, d) didaktische Gesichtspunkte, e) Überblick über inhaltliche Schwerpunkte, f) persönliche Anmerkungen und Dankesworte.

a) *Allgemeine Aufgabenstellung*: Es geht in diesem Buch um nicht mehr und nicht weniger als um die Publikation von Texten aus der Vorgeschichte und Geschichte der Persönlichkeits- und Differentiellen Psychologie: vorwissenschaftliche Reflexionen zum Thema, Verarbeitung von Alltagserfahrungen, philosophische Annäherungen, einzelwissenschaftliche theoretische Programme, schulenabhängige Positionen, methodische Verfahrensweisen, Kontroversen usw. Das Buch will nicht eine systematische wissenschaftshistorische Darstellung des Faches sein, auch nicht als Ersatz einer solchen dienen. Das entscheidende Anliegen der Quellensammlung besteht darin, die Geschichte anhand authentischer Texte für den Leser/die Leserin selbst nachvollziehbar zu machen. Mit anderen Worten: Der Leser/die Leserin wird nicht mit generalisierten analytischen Konstrukten oder Rekonstruktionen des Wissenschaftshistorikers konfrontiert, sondern gewinnt von sich aus einen ungetrübten Eindruck von Entwicklungstrends seines/ihres Faches. Darauf sollte es ankommen, wenn man aus der Lektüre Nutzen für die eigene Arbeit in Theorie und Praxis ziehen will.

b) *Umfang*: In Anbetracht des häufig anzutreffenden Missverhältnisses zwischen Interesse an wissenschaftlicher Lektüre und realen Zeitressourcen, diesem Interesse gerecht zu werden, streben wir eine sowohl vom Themen- als auch vom Seitenumfang des Buches her eine vertretbare Begrenzung an. Beispielsweise werden wir das mit der Differentiellen Psychologie eng verbundene Feld der Psychodiagnostik nicht in die Quellensammlung einbeziehen. Hierfür müsste ein gesondertes Buch geschrieben werden. In der gängigen Fachliteratur (Lehrbücher, Handbücher, Gesamtdarstellungen) wird in der Regel eine breite Palette von theoretischen Ansätzen, ‚Paradigmen‘ und thematischen Perspektiven abgehandelt. Die historischen Verankerungen bzw. Hintergründe all dieser unterschiedlichen Konzeptionen nachzuzeichnen, würde den Rahmen des vorliegenden Büchleins sprengen. Bei der Auswahl der Quellentexte konzentrieren wir uns a) auf den sog. mainstream der Entwicklung in Forschung und Theoriebildung (soweit dieser aus der Sicht des ‚externen Beobachters‘ erkennbar ist), b) auf die wirkungsgeschichtliche Effizienz bestimmter Ansätze. Unter dem letztgenannten Aspekt werden wir beispielsweise auch auf Ansätze eingehen, die weitgehend außerhalb des ‚akademischen‘ Kontextes entstanden (tiefenpsychologische Auffassungen). Kurzum: Unsere Auswahl ist bestimmt durch die Konzentration auf solche Texte, die sich in ihrer Zeit als innovativ erwiesen und darüber hinaus Nachhaltigkeit erzielten.

c) *Adressaten:* Die Adressaten dieses Buches sind in erster Linie Lehrende, Forschende, Studierende und Praktiker der Psychologie. Der Autor ist der Auffassung, dass gerade „kontextgeleitete Studien von Originalliteratur" (Pawlik, K., 2015, 178) geeignet sind, Einsichten zu gewinnen, die für Theorie, Studium und Praxis des o. g. Adressatenkreises nutzbringend sind. Gerade für Studierende halten wir es für außerordentlich wichtig, sich im Rahmen der Aneignung berufsbefähigender Standards auch mit der „Wandelbarkeit und Zeitgebundenheit psychologischer Forschung und Praxis" (Schönpflug, W., 2015, 176) zu befassen. Unter diesem Aspekt halten wir Pflege von Traditionen und das Feiern von Jubiläen für eher nachgeordnet, wenn auch nicht überflüssig.

d) *Didaktische Gesichtspunkte:*
- Um eine historisch v i e l f a c h b e l e g b a r e programmatische Ausrichtung, einen theoretischen Ansatz oder eine methodische Vorgehensweise zu dokumentieren, beschränkten wir uns nach dem pars-pro-toto-Prinzips auf nur e i n e n prototypischen Vertreter. Beispiel: Für die Dokumentation einer konstitutionsbiologischen Persönlichkeitstheorie beziehen wir uns auf

Kretschmer und verzichten auf Sheldon und weitere Autoren. Ein anderes
Beispiel: Als Prototyp eines faktorenanalytisch arbeitenden trait-Theoretiker stellen wir H.-J. Eysenck vor, gehen aber nicht auf die Darstellung des
spezifischen Beitrages von R. B. Cattell ein.

• Um eine flüssigere Lesbarkeit zu erreichen, wird eine Konzentration auf den
  wesentlichen Kern der Aussagen angestrebt. Damit verbunden ist das Weg-
  lassen von nebensächlichen oder lediglich ausschmückenden Satzteilen oder
  Textpassagen. Streichungen bzw. Weglassungen werden mit dem Zeichen
  […] gekennzeichnet.

• Davon ausgehend, dass der überwiegende Teil der Leser/der Leserinnen
  deutschsprachig ist, haben wir englischsprachige Texte, sofern sie nicht
  übersetzt vorliegen, in deutscher Übersetzung wiedergegeben.

• In erster Linie kommt dem Herausgeber die Rolle eines Chronisten bzw. Do-
  kumentaristen zu. Von daher versteht sich eine weitgehende Zurückhaltung
  in Bezug auf eigene Bewertungen.

e) Überblick über inhaltliche Schwerpunkte
Nach diesen Vorbemerkungen soll eine kurze Vorschau auf i n h a l t l i c h e
Schwerpunkte und Entwicklungslinien in der Vorgeschichte und Geschichte
unserer psychologischen Teildisziplin gegeben werden. Aus den uns bekannten
Schriften der griechisch-römischen Antike sind – soweit wir dieses Schrifttum
überblicken – zwei Zugangsweisen zum Problem Persönlichkeit/Persönlichkeits-
unterschiede erkennbar: zum einen eine (quasi) biologische, die von Hypothesen
über Entsprechungen zwischen somatischen Merkmalen und Persönlichkeitsstrukturen ausgeht (Körpersaft→Temperament bei Galen, in Anknüpfung an Hippokrates), zum anderen eine phänographische, die auf der Grundlage von Beobachtungen ‚Charaktere' beschreibt, ohne die Frage nach dem Zustandekommen von
Persönlichkeitsunterschieden zu stellen (Theophrast). Erstaunlicherweise beschert
uns das Hochmittelalter (von dem gemeinhin eine Zentrierung des Denkens auf
das Jenseits, mithin das Fehlen oder zumindest ein Vernachlässigen von Reflexionen über das Individuum als Persönlichkeit angenommen wird) unter dem Leit-
motto ‚Im Angesicht Gottes erkenne der Mensch sich selbst' höchst interessan-
te und weiterentwickelte Modifizierungen der galenischen Temperamentenlehre
(Hildegard von Bingen).

In der frühen Neuzeit (Renaissance, Aufklärung, klassische deutsche Philosophie) begegnen uns wieder die seit der Antike bekannten zwei Zugangsweisen,
freilich in einem ‚moderneren' geistesgeschichtlichen und erkenntnistheoretischen
Gewand. Betreffs des phänographischen Ansatzes ist insbesondere die sog. ‚praktische' Philosophie zu nennen (Ch. Thomasius, bemerkenswerter Weise auch Kant).

Eher einen (quasi-) biologischen Ansatz, der konditionalgenetische Fragestellungen einschließt, finden wir bei solchen Autoren, die bestimmte Indikatoren für die Ausprägung von Persönlichkeitsunterschieden bzw. –typen geltend machen. Dabei bedient man sich im allgemeinen einer sog. ‚innen-außen-Spiegel-Metapher‘ (explizit formuliert bei Lavater): das Äußere spiegelt sich im Inneren; das Innere im Äußeren. Die Palette der für die Spiegel-Metapher verwendeten Indikatoren ist ziemlich breit: Schädelformung (Phrenologie), Gesichtsproportionen (Physiognomik), manuelle Motorik (Graphologie), Körperkonstitution, menschlicher Gang usw. Vor der Etablierung der Persönlichkeits- und Differentiellen Psychologie als einzelwissenschaftliche Teildisziplin war diese Thematik insbesondere ein Gegenstand philosophischer Reflexion. Als Beispiel aus dem 19. Jahrhundert verweisen wir auf J. Bahnsens ‚Charakterologie‘, ein Begriff, der im deutschsprachigen Bereich noch lange als Synonym für Persönlichkeitspsychologie verwendet wurde.

Wie bereits eingangs gesagt, ist es ein kaum aussichtsreiches Unternehmen, die Begründung einer einzelwissenschaftlichen Spezialdisziplin auf e i n e Person, einen Ort oder eine Jahreszahl fixieren zu wollen. Um aber pragmatisch einen Ordnungsgesichtspunkt für unsere Quellensammlung zu bestimmen, glauben wir mit einem gewissen Recht behaupten zu können, dass William Stern eine qualitativ einschneidende theoretische, methodische und terminologische Zäsur in die wissenschaftliche Behandlung des hier zur Diskussion stehenden Gegenstandes herbeigeführt hat. Aus diesem Grunde werden zwei programmatische Auszüge aus Sterns Schriften an den Anfang des zweiten Teiles unserer Quellensammlung gesetzt. Aus heutiger Perspektive, d. h. aus einer Rückschau auf etwas mehr als 100 Jahre, lässt sich mit einer gewissen Berechtigung eine von Stern ausgehende Entwicklungslinie rekonstruieren, die über G. W. Allport, H. J. Eysenck, W. Mischel, das big- five-Modell bis zu den modernen neurobiologischen Annäherungen an unseren Gegenstand reicht. Außerhalb des akademischen mainstreams entwickelte S. Freud mit seiner Psychoanalyse eigenständige Auffassungen zu einem mehrschichtigen Aufbau der Persönlichkeit und lieferte C. G. Jung nachhaltige Beiträge zur differentiell-psychologischen Begriffsbildung. Bekanntlich war die Entwicklung der Psychologie in der ersten Hälfte des 20. Jahrhunderts gekennzeichnet durch die Bildung von sog. ‚Schulen‘, die sich wechselseitig befehdeten. Diese krisenhaften Disparitäten schlugen sich auch auf dem Gebiet der Persönlichkeits- und Differentiellen Psychologie nieder. Fisseni (2003) zählt in einem Überblick nicht weniger als n e u n unterschiedliche, meist schulenabhängige Konzeptionen auf. Auch aus Gründen der Umfangsbeschränkung verzichten wir auf eine quellengestützte Nachzeichnung der vielfältigen Strömungen. Wir halten es vielmehr für gewinnbringender, an e i n e m zentralen Problembereich kontroverse Entwicklungen zu beleuchten. Ein solches Problem sind Versuche, ‚Erklärungen‘ und/

oder Vorhersagewahrscheinlichkeiten für inter- und intraindividuell differierende
Verhaltensweisen von Personen zu ermitteln. Dabei stehen sich eine eigenschafts-
(trait-) zentrierte und eine situationsorientierte (situationism) Auffassung gegenüber. Einige Diskussionen zwischen den Hauptantagonisten dieser Kontroverse
(Eysenck vs. Mischel) werden wiedergegeben. Auch am bisherigen ‚Spitzenpro-
dukt' der trait-Forscher, dem big-five-Modell, kann die Quellenedition nicht vor-
übergehen. In den folgenden Kapiteln werden Beiträge zu Chancen und Grenzen
einer Bezugnahme persönlichkeits- und differentiell-psychologischer Forschung
auf Ergebnisse und Ansätze der Neurowissenschaften, insbesondere der Neuro-
physiologie, vorgestellt. Auch die bereits von Stern 1911 angestoßene Diskussion
zur Relation ‚Einzigartigkeit vs. Wissenschaftlichkeit' bzw. ‚Idiographik vs. Nomothetik' spielt in der neueren Literatur nach wie vor eine gewichtige Rolle. Im
letzten Drittel des 20. Jahrhunderts sind Tendenzen eines temporär kritischen Aus-
einanderdriftens der Persönlichkeitspsychologie hinsichtlich ihres Gegenstandes,
ihrer theoretischen Prämissen und Methoden zu beobachten. Selbstevaluationen
und Standortbestimmungen aus neuester Zeit (frühes 21. Jahrhundert) werden im
Schlusskapitel referiert.

f) Persönliche Anmerkungen und Dankesworte
Während meiner aktiven Dienstzeit als Hochschullehrer war ich – zugegebener-
maßen – eher nur randständig mit Problemen der Persönlichkeits- und Differentiellen Psychologie befasst. Erst beim *nachträglichen* kritischen Überdenken der
Konzeption meines Buches ‚*Kernprobleme* in der Geschichte der Psychologie'
(2010) gewann ich den Eindruck, einen Gesichtspunkt, der den Rang eines Kern-
problems hätte einnehmen können, etwas vernachlässigt zu haben, nämlich die
Charakterisierung der Persönlichkeit als *Individualität*. Zur ‚Wiedergutmachung'
entschloss ich mich, im Nachhinein die historische Entwicklung der Teildisziplin
Persönlichkeits- und Differentielle Psychologie anhand von Quellentexten, die ich
auszuwählen und zu kommentieren versuchte, zu erkunden. Zu diesem Vorhaben
wurde ich von vielen Seiten her bestärkt, u. a. von ehemaligen Kolleginnen und
Kollegen des Jenaer Instituts. Für fachkundige Ratschläge und ‚moralische' Unter-
stützung habe ich insbesondere zu danken den Kollegen Prof. em. Dr. H. E. Lück,
dem Gesamtherausgeber der Reihe ‚Schlüsseltexte der Psychologie', und Prof. Dr.
F.-J. Neyer, dem Inhaber der Professur für Persönlichkeits- und Differentielle Psychologie an der Friedrich-Schiller-Universität Jena. Das Buch wäre nicht zustande
gekommen ohne die Anfertigung eines verlagsgerechten Manuskripts. Dieser Aufgabe hat sich meine Frau, Bärbel Eckardt, in mühevoller Arbeit am PC engagiert
gewidmet. Dafür bedanke ich mich auch an dieser Stelle ganz herzlich. Ebenso
bedanke ich mich bei meiner Enkeltochter Isabell Roscher, die das Scannen der

Quellentexte übernommen hat. Last but not least gilt mein Dank Frau Eva Brechtel-Wahl und Frau Sonja Trautwein für empathische Kommunikation und kompetente verlegerische Betreuung.

Die griechisch-römische Antike: Von den vier Körpersäften zu den vier Temperamenten (von Hippokrates [4. Jh. vor Chr.] bis Galen [2. Jh. n. Chr.])

Die Anfänge persönlichkeits- und differentiell-psychologischen *Denkens* werden in Gesamtdarstellungen des Faches gerne mit Hippokrates (460 – 377 v. Chr.), dem berühmten griechischen Arzt (‚hippokratischer Eid‘), als eine Art Urvater verknüpft. Leider ist diese schöne Zuordnung historisch nicht zutreffend. Hippokrates hat zwar in seiner Schrift ‚Über die Natur des Menschen‘ (lat.: De natura hominis) von vier Körpersäften gesprochen, aber an keiner Stelle dieser Schrift ist eine Zuordnung dieser Körpersäfte zu bestimmten psychischen Eigenschaften (Temperamenten, Neigungen) erkennbar. Um diese Aussage zu untermauern, soll die sog. Vier-Säfte-Lehre kurz erläutert werden: Nach Hippokrates sind die vier Körpersäfte Blut, gelbe Galle, schwarze Galle und Schleim diejenigen Substanzen, die die Lebenstätigkeit des Menschen ausmachen. Der Anteil der einzelnen Säfte am Gesamt-Säftehaushalt sei von Mensch zu Mensch unterschiedlich. Die Zusammensetzung verändere sich in Abhängigkeit von Klima, Jahreszeit, Alter und geographischen Bedingungen. Wenn zwischen den Säften ein ausgewogenes Mischungsverhältnis bestehe, sei der Mensch gesund. Bei Störungen der Ausgewogenheit entstehen – je nach Art der Störungen – spezifische Krankheiten. Die Vier-Säfte-Lehre ist also nicht mehr und nicht weniger als ein genuin *medizinischer* Versuch zur Erklärung von Krankheiten. Auf diesen Tatbestand hat bereits vor mehr als 50 Jahren der prominente amerikanische Psychologiehistoriker Robert I. Watson hingewiesen: „Für Hippokrates war die Theorie der Körpersäfte eine Theorie der Krankheit. Erst viel später wurde sie von Galen auf die Persönlichkeit bezogen, indem ihr in relativ systematischer Form eine Theorie der Temperamente *hinzugefügt* wurde" (Watson, R. I., 1978, 14; 1. Aufl. 1963; Übersetzung: G. E.). [1] Nach R. I. Watson kann allenfalls bei Galen (ca. 129 – 199 n. Chr.), also ca. 600 Jahre nach Hippokrates, von einer Verknüpfung von Körpersäften und Temperamentstypen, d. h. von der Annahme eines funktionellen Zusammenhangs von physischen und psychischen Phänomenen, gesprochen werden. Primär fungieren bei Galen die Körpersäfte ebenso wie ‚Klima' und ‚äußere Faktoren' als ‚Erklärungs'-Muster für Krankheiten.

In Galens Schrift ‚In Hippocratis De Natura Hominis commentaria tria' werden die folgenden Zuordnungen von Körpersäften und Temperamentstypen vorgenommen:

Vorherrschender Körpersaft	Temperamentstyp
Blut (lat. sanguis)	Sanguiniker
Gelbe Galle (griech. χολή ξανθή)	Choleriker
Schwarze Galle (griech. χολή μέλαινα)	Melancholiker
Schleim (griech. φλέγμα)	Phlegmatiker

Der folgende Hippokrates-Text soll als Beleg für die rein medizinische (spezieller: humoralpathologische) Ausrichtung der sog. Vier-Säfte-Lehre dienen:

Die Natur des Menschen

Der Körper des Menschen enthält Blut, Schleim, gelbe und schwarze Galle; von diesen Säften hängen die Konstitution des Körpers, Krankheit und Gesundheit ab. Am gesundesten ist der Mensch dann, wenn ihre gegenseitige Mischung, Wirkung und Menge ausgewogen und wenn sie am innigsten verbunden sind, krank aber, wenn einer der Säfte in zu großer oder geringer Menge vorhanden ist oder sich im Körper absondert und nicht mit allen vermengt ist. […]
Ich habe versprochen zu zeigen – in Übereinstimmung mit der allgemeinen Ansicht und mit der Natur –, daß die Grundstoffe, aus denen meiner Meinung nach der Mensch besteht, immer dieselben sind. Ich behaupte also, sie seien Blut, Schleim, gelbe und schwarze Galle. Erstens hält ja der Sprachgebrauch die Namen der

---

[1]   Angesichts dieser historischen Befundlage dürfte man der Versicherung von H. J. Eysenck und M. W. Eysenck (1987, 45), dass „zwei unserer Hauptdimensionen der Persönlichkeit, nämlich Extraversion und Neurotizismus, von antiken Autoren, namentlich Hippokrates, vorweggenommen" worden seien, nicht ganz trauen.

Säfte deutlich auseinander; sodann sind sie tatsächlich in der Erscheinung verschieden: weder gleicht der Schleim dem Blut in irgendeinem Punkte, noch das Blut der Galle, noch die Galle dem Schleim. Wie könnten diese Säfte untereinander ähnlich sein, wo doch weder ihre Farben dem Auge gleich erscheinen, noch der Tastsinn sie als gleich erkennt, da sie weder gleich warm noch gleich kalt, weder gleich trocken noch gleich feucht sind. Da jeder in seinem Wesen und in seiner Wirkung so ganz anders ist als die übrigen, ist es unmöglich, daß sie alle eines seien, so wenig wie Feuer und Wasser einerlei sind. Aus folgenden Beobachtungen magst du erkennen, daß sie alle nicht eines sind, sondern daß jeder seine eigene Wirkung und seine eigene Natur hat; wenn du einem Menschen ein Mittel gibst, das Schleim führt, bricht er Schleim, und wenn du ein galleführendes Mittel gibst, bricht er Galle. In gleicher Weise wird schwarze Galle ausgeschieden, wenn du ein Mittel gibst, das schwarze Galle führt. Und wenn du den Körper irgendwo verletzest, so daß eine Wunde entsteht, wird Blut fließen. So wird sich der Mensch ständig verhalten, Tag und Nacht, winters und sommers, solange er imstande ist Luft einzuziehen und wieder auszustoßen, oder bis er eines dieser mitgeborenen Säfte beraubt wird. Die erwähnten Säfte sind nämlich mit ihm entstanden, wie könnte es auch anders sein, erstens ist es erwiesen, daß der Mensch alle diese Säfte in sich hat, solange er lebt; sodann stammt er von einem Menschen ab, der das alles in sich hatte, ist von einem Menschen genährt worden, der das alles in sich hatte – nämlich die Säfte, die ich aufgezählt und nachgewiesen habe.

Differentielle Ansätze in Form von beobachtungsgestützten ‚Charakterbildern' (Theophrast, um 319 v. Chr.)

Theophrast (372 – 287 v. Chr.) war ein Schüler Aristoteles und wurde nach dessen Tod sein Nachfolger als Leiter der peripathetischen Schule. Seine vielfältigen Verdienste um die Pflege der Wissenschaften (z. B. Biologie) werden noch heute gewürdigt.[2] Eine Art Nebenprodukt seiner umfangreichen schriftstellerischen Tätigkeit ist das um 319 v. Chr. entstandene Traktat ‚Charaktere': eine kleine Sammlung von 30 beobachtungsgestützten Skizzen von Mitmenschen, denen ein hervorstechendes Persönlichkeitsmerkmal zukommt.

Die von Theophrast gezeichneten Charakterbilder weisen folgendes Gliederungsschema auf: Zuerst erfolgt eine definitionsähnliche Umschreibung des in Frage kommenden Persönlichkeitsmerkmals bzw. seines Trägers, danach werden – oft humorvoll – Alltagssituationen geschildert, in denen typische Verhaltensweisen des Merkmalträgers zum Ausdruck kommen. Im Gegensatz zu Charakterschilderungen, die wir aus der Erfahrungsseelenkunde des 18. und frühen 19. Jahrhunderts kennen, verzichtet Theophrast auf erzieherische Ambitionen und moralische Belehrung (vgl. Rüdiger, H., 1949). Drei Beispiele sollen vorgestellt werden:

---

2   Jahn, I., Löther, R. & Senglaub, K. (1982, S. 76 f.) heben z. B. die große Bedeutung Theophrasts für die Geschichte der Biologie, speziell der Botanik, hervor. Theophrast habe in seinen Schriften ‚Historia plantarum' und ‚De causis plantarum' „induktives Herangehen mit deduktiv-spekulativer Erklärung der beobachteten Tatsachen vereint."

Der Eitle

Eitelkeit wird man ein niedriges Streben nach Anerkennung nennen können. Der Eitle ist etwa darauf erpicht, bei einem Festmahl den Platz neben dem Gastgeber einzunehmen. Um seinem Sohn die ersten Locken abschneiden zu lassen, fährt er mit ihm nach Delphi. Er hat die größten Sorgen, daß der Sklave, der ihn begleitet, ein Neger ist. Hat er eine größere Rechnung zu begleichen, so läßt er den Betrag nur in neuen Geldstücken auszahlen. Zu Hause hält er sich eine Dohle. Mit Vergnügen kauft er ihr ein Leiterchen und läßt ein metallenes Schildchen machen, mit dem die Dohle auf dem Leiterchen klettern soll. Hat er einen Ochsen geopfert, so umwindet er die Hörner mit mächtigen Binden und nagelt sie gegenüber dem Eingang fest, damit jeder Gast sehen kann, daß er einen Ochsen geopfert hat. Wenn er mit der Ritterschaft bei einem Festzug einherstolziert ist, läßt er die Rüstung von seinem Burschen nach Hause tragen. Er wirft den Zivilmantel um, trägt aber noch Sporen und flaniert in diesem Aufzug auf dem Markt herum. Ist sein Malteserhündchen gestorben, so läßt er ihm ein Grabmal errichten mit einem Säulchen darauf und der Inschrift: „Röschen aus Malta". Hat er im Tempel des Asklepios einen ehernen Finger geweiht, so putzt er ihn täglich, schmückt ihn mit Blumen und salbt ihn mit Weihöl. Wenn er als Ratsherr beim Opfer hilft, so läßt er sich den Auftrag geben, dem Volke den Erfolg zu verkünden. Dann tritt er auf und spricht, mit einem Prachtgewand und Kränzen geschmückt: „Bürger von Athen! Wir, die Prytanen, haben der Mutter der Götter die Opfer dargebracht. Die Opfer sind würdig, die Opfer sind gut. Heil euch!" Wenn er das verkündet hat, geht er nach Hause und erzählt alles seiner Frau. Dann ist er über die Maßen glücklich.

Der Unzufriedene

Unzufriedenheit ist ein ungehöriges Kritisieren der Gaben, die einem zuteil geworden sind. Wenn ein Freund dem Unzufriedenen etwa eine Portion Fleisch vom Festmahl schickt, sagt er zum Boten: »Er hat mir wohl nicht die Suppe und den Becher Wein gegönnt, daß er mich nicht eingeladen hat.« Küßt ihn seine Geliebte zärtlich, so meint er: »Ich möchte wissen, ob du mich wirklich von Herzen liebst.« Über Zeus ärgert er sich, nicht weil es regnet, sondern weil es nicht früher geregnet hat. Wenn er unterwegs einen Beutel Geld findet, nörgelt er: »Aber einen ordentlichen Betrag hab' ich noch nie gefunden.« Nach langem Handeln mit dem Verkäufer hat er einen Sklaven billig erstanden und meint: »Ich bin nur gespannt, ob ich so billig etwas Gescheites gekriegt habe.« Teilt ihm jemand freudig mit: »Du hast einen Sohn bekommen«, so erwidert er: »Und die Hälfte von deinem Vermögen verloren, mußt du hinzufügen; dann stimmt es.« Wenn er einen Prozeß einstimmig gewonnen hat, wirft er dem Rechtsanwalt vor, er habe in seiner Rede viele Gründe zu seinen Gunsten nicht angeführt. Seine Freunde haben Geld für ihn zusammengelegt, und einer sagt: „Jetzt kannst du dich freuen."; „Wieso?" meint er darauf. »Etwa weil ich das Geld jedem zurückgeben und außerdem dankbar sein muß wie für eine Wohltat?"

Der Schmeichler

Schmeichelei kann man ein unaufrichtiges Verhalten nennen, aus dem der Schmeichler Nutzen zieht. Wenn der Schmeichler seinen Gönner begleitet, sagt er etwa zu ihm: »Merkst du, wie die Leute dir nachschauen? Die Ehre hat sonst niemand in der ganzen Stadt!« »Gestern hat man dich in der Galerie am Markt in den Himmel gehoben.« Mehr als dreißig Leute hätten herumgesessen, und als die Rede darauf gekommen sei, wer das Beste leiste, sei sein Name natürlich in aller Munde das A und 0 gewesen. Während er dergleichen schwätzt, putzt er ihm ein Fädchen vom Mantel, und wenn ihm der Wind ein Stäubchen ins Haar geweht hat, so entfernt er es. Und lachend meint er: »Siehst du? Kaum bin ich zwei Tage nicht bei dir gewesen, da ist dein Bart schon voll grauer Haare – freilich hast du für deine Jahre noch schwarzes Haar wie irgendeiner.« Wenn der Gönner etwas sagt, so heißt er die andern still sein; hört der Gönner hin, so gibt er seinen Beifall kund, und ist er fertig mit reden, dann stimmt er laut zu: „Ausgezeichnet!" Wenn der Gönner einen faulen Witz macht, so lacht er darüber, ja er stopft sich den Mantel in den Mund, als könnte er sich vor Lachen nicht halten. Begegnen ihnen Leute, so läßt er sie warten, bis der Gönner vorbei ist. Den Kindern kauft er Äpfel und Birnen und bringt sein Geschenk vor den Augen des Gönners an. Dann küßt er sie und sagt: »Ach, ihr herzigen Buben eines prächtigen Vaters!« Begleitet er ihn zum Einkauf beim Schuhmacher, so stellt er fest, daß der Fuß hübscher sei als der Schuh. Besucht der Gönner einen Freund, so läuft er voraus und sagt ihn an: »Du bekommst Besuch.« Dann kehrt er um und berichtet: »Ich habe dich angemeldet.« Natürlich ist er auch gern bereit, in atemloser Dienstbeflissenheit auf dem Weibermarkt Besorgungen zu machen. Er ist der erste von den Gästen, der den Wein lobt, und in einem fort sagt er: „ Du ißt ja viel zu wenig!" Langt er zu, so ruft er dabei: „Ein wahrer Leckerbissen!" Dann fragt er den Gönner, ob er nicht friere und sich nicht lieber zudecken lassen wolle und ob er ihm behilflich sein dürfe. Dabei beugt er sich an sein Ohr nieder und flüstert ihm etwas zu. Auch wenn er mit andern spricht, blickt er nur ihn an. Im

Theater nimmt er dem Sklaven das Kissen weg und legt es selber hin. Sein Haus hält er für ein herrliches Bauwerk, seine Felder seien prächtig bestellt, und sein Porträt findet er glänzend getroffen.

Die Suche nach Individualität im Hochmittelalter (Hildegard von Bingen, 1997 [1151 – 1159]) **3**

Nach H. Derschka (2014), einem Mittelalter-Historiker, soll während des 12. Jahrhunderts im geistigen Leben der Gesellschaft, insbesondere im klösterlichen Bereich, ein sog. ‚Individualisierungsschub' stattgefunden haben. Im Rahmen dieser Bewegung wird an prominenter Stelle die später heiliggesprochene Äbtissin Hildegard von Bingen (1098 – 1178) genannt. In der natur- und heilkundlich orientierten Schrift ‚Causa et Curae' (1151 ff.) stellt sie eine zwar an Galen (s. Kap. 1) angelehnte, aber doch weithin selbständige Temperamenten-Lehre dar. Für den Psychologiehistoriker sind folgende Aspekte dieser Lehre erwähnenswert:

1. An der Gestaltung der einzelnen (vier) Temperamente sind die Grundelemente des Universums (Feuer, Luft, Wasser, Erde) in unterschiedlicher Stärke beteiligt.
2. Die Ausprägungsgrade der Temperamente unterscheiden sich qualitativ zwischen den Geschlechtern (Sanguiniker vs. Sanguinikerin usw.).
3. Physiologische und psychologische Merkmale unterliegen einer strengen Zuordnung (z. B. Sanguiniker „warmes Gehirn"; Melancholiker „fettes Gehirn" usw.)
4. Die vier Temperamente werden divergenten Wertungen hinsichtlich Lebenstüchtigkeit, zwischengeschlechtlicher Kompetenz (inklusive Zeugungsfähigkeit) und charakterlicher Stabilität unterzogen. Sanguiniker rangieren am positiven Pol, Melancholiker am negativen.

Die Diskussion über die Temperamente bewegte sich nicht nur in einem abstrakten theoretisch-theologischen Rahmen, sondern die individuelle Bestimmung eines

Temperaments-Typs konnte auch als praktisch-angewandtes Instrument zur Beurteilung einer Person verwendet werden.[3]

Die Lektüre der Beschreibung der einzelnen männlichen und weiblichen Temperamente sollte für den heutigen Leser/die heutige Leserin ein gewisses Vergnügen bereiten.

Die Sanguiniker

Andere Männer haben ein warmes Gehirn, eine liebliche, aus Weiß und Rot gemischte Gesichtsfarbe, dicke Adern voll Blut und dickes Blut von richtiger roter Farbe. Sie haben in sich einen Saft, der froh macht; er ist nicht unterdrückt von finsterer Traurigkeit und ist völlig unbehelligt vom finsteren Wesen der Melancholie. Weil sie ein warmes Gehirn und das richtige Blut haben und weil ihre Säfte nicht unterdrückt werden, haben sie ein fettes Fleisch an ihrem Leib. Ihre Geschlechtlichkeit, die ihren Sitz in ihren Schenkeln hat, hat mehr vom Wesen des Windes als dem des Feuers. Aus diesem Grund können sie Enthaltsamkeit üben, weil der sehr starke Wind, der in ihren Schenkeln ist, das Feuer darin bändigt und beherrscht. Wenn dieser Wind und dieses Feuer zuweilen in ihre zwei Behälter einfallen, dann erfüllen sie alle ihre Aufgaben anständig und mit vernünftiger Liebe, so daß auch ihr Stamm anständig aufblüht und ausschlägt. Sie heißen das goldene Haus in der rechten Umarmung, weil die Vernünftigkeit in ihnen merkt, woher sie stammt. Deshalb kommt es bei solchen Männern zur Selbstbeherrschung und zu einer menschlichen Verhaltensweise. Für sie ist es nötig, sich nach Männerart zu vermählen, denn die weibliche Natur ist sanfter und milder als die männliche Natur. Mit Frauen können sie in Anstand und Fruchtbarkeit leben. Sie können sich auch ihrer enthalten und schauen sie dann mit schönen, besonnenen Blicken an. Wo die Blicke anderer Männer wie Pfeile auf die Frauen gerichtet sind, da stellen ihre Blicke eine anständige, harmonische Verbindung zu den Frauen her. Wo die Worte anderer Männer wie ein sehr heftiger Wind auf sie wirken, da klingen ihre Worte wie eine Zither. Und wo die Gedanken anderer Männer wie ein Sturmwind sind, da werden diese Männer besonnene Liebhaber in Ehrbarkeit genannt. Oft leiden sie aber viele Qualen, wenn sie sich nach Möglichkeit zu beherrschen suchen; aber in ihnen herrscht

---

3   Derschka (1914, 189 f.) liefert als Nachweis für die Praxistauglichkeit der Temperamenten-Lehre der Hildegard von Bingen ein schönes Beispiel: Ein gewisser Alanus ab Insulis (gest. 1202) rät in einer Anleitung für Beichtväter, „sie sollen bei der Beurteilung der Sünde das Temperament des Sünders berücksichtigen".

eine kluge Beherrschung, eine Kunst, über die die Frau verfügt, und sie führt eine sittsame Enthaltsamkeit herbei. Solche Männer haben auch Einsicht und Verstand. Ihre Nachkommen sind beherrscht, glücklich, nützlich und tüchtig in allen ihren Werken und bleiben frei von Neid, weil der Wind und das Feuer in den Schenkeln ihrer Väter ihnen die richtige Mischung mitgaben. Wer also daraus hervorgeht, wird ein brauchbarer Mensch werden. Wenn aber die oben erwähnten Männer ohne Frauen sind, bleiben sie ruhmlos wie der Tag, der ohne Sonne ist. Wie aber an einem Tag ohne Sonne die Früchte vor dem Vertrocknen bewahrt werden, so verbleiben diese Männer, wenn sie ohne Frauen bleiben, in einer recht mäßigen Stimmung. Aber im Umgang mit Frauen sind sie heiter, so wie der Tag mit Sonne hell ist. Weil sie im Blick, im Wort und in ihren Gedanken liebenswürdig sind, stoßen sie öfter als andere Männer wäßriges, nicht gekochtes Sperma aus, was ihnen im wachen Zustand wie auch im Schlaf widerfährt. Leichter als manche andere Männer werden sie so von selber und mit Hilfe anderer Umstände von der Hitze ihrer Leidenschaft erlöst.

Die Sanguinikerin

Manche Frauen haben eine Anlage zur Fettleibigkeit, und sie haben ein weiches, üppiges Fleisch, zarte Blutgefäße und ein gesundes Blut ohne Fäulnis. Weil ihre Blutgefäße zart sind, deshalb haben sie weniger Blut in sich, und ihr Fleisch wächst um so mehr und ist um so mehr vom Blut durchdrungen. Sie haben eine helle, weiße Gesichtsfarbe, lieben Zärtlichkeiten, sind liebenswürdig, genau bei künstlerischen Arbeiten und sind von sich aus selbstbeherrscht. Zur Zeit der Monatsblutung erleiden sie einen nur geringen Blutverlust, und ihre Gebärmutter ist zum Gebären kräftig entwickelt. Daher sind sie auch fruchtbar und können den männlichen Samen aufnehmen. Dennoch bringen sie aber nicht sehr viele Kinder zur Welt, und wenn sie ohne Gatten leben und daher keine Nachkommen gebären, werden sie leicht körperlich krank. Wenn sie aber einen Gatten haben, sind sie gesund. Wenn bei ihnen zur Zeit der Monatsblutung Blutstropfen vor der natürlichen Zeit versperrt sind, so daß sie nicht ausfließen, dann werden sie manchmal melancholisch werden oder Schmerzen in der Seite leiden, oder es wird ein Wurm in ihrem Fleisch wachsen, oder es werden die Lymphdrüsen, welche Skrofeln genannt werden, bei ihnen aufbrechen, oder es wird sich bei ihnen ein jedoch nur mäßiger Aussatz entwickeln.

Die Melancholiker

Es gibt andere Männer, deren Hirn fett ist. Ihre Gehirnhaut und ihre Blutgefäße sind wirr. Sie haben eine düstere Gesichtsfarbe. Ihre Augen haben sogar etwas Feuriges und Vipernartiges. Diese Männer haben harte, starke Adern, die dunkles, dickes Blut führen, grobes, festes Fleisch und grobe Knochen, die nur wenig Mark enthalten. Dieses brennt jedoch so heftig, daß sie im Verkehr mit Frauen unbeherrscht wie Tiere und wie Schlangen sind. Der Wind in ihren Lenden tritt in dreierlei Formen auf: Er ist feuriger Art, windartig und gemischt mit dem Rauch der Schwarzgalle. Daher haben sie zu niemandem eine richtige Liebe, sondern sie sind verbittert, habgierig, albern, ausschweifend in ihrer Leidenschaft und ohne Mäßigung im Verkehr mit Frauen wie die Esel. Wenn sie einmal von der Lust ablassen, werden sie leicht krank im Kopf, so daß sie wahnsinnig werden. Wenn sie ihre Lust im Verkehr mit Frauen befriedigen, leiden sie nicht unter Geisteskrankheit. Ihr Beischlaf, den sie mit Frauen besonnen halten sollten, ist jedoch schmerzhaft, widerwärtig und tödlich wie bei reißenden Wölfen. Einige von ihnen verkehren gern und auf menschliche Weise mit Frauen, weil sie kräftige Blutgefäße und ein Mark haben, das in ihnen heftig brennt; aber dennoch hassen sie die Frauen. Einige können das weibliche Geschlecht meiden, weil sie die Frauen nicht lieben und sie nicht haben wollen, sondern in ihrem Herzen wild wie Löwen sind und sich wie Bären benehmen. In ihrer Hände Arbeit sind sie jedoch brauchbar und geschickt, und sie arbeiten gerne. Der Sturm der Lust, der in die zwei Behälter der erwähnten Männer einfällt, kommt so unbeherrscht und so plötzlich wie der Wind, der das ganze Haus plötzlich heftig erschüttert, und er richtet den Stamm so gewaltig auf, daß der Stamm, der in voller Blüte stehen sollte, sich auf die widerliche Weise von Vipern krümmt und in solcher Bösartigkeit wie eine tod- und verderben bringende Viper seine Bösartigkeit an seiner Nachkommenschaft ausläßt. Der Einfluß des Teufels wütet so sehr in der Leidenschaft dieser Männer, daß sie eine Frau beim Geschlechtsverkehr töten würden, wenn sie könnten. Denn es findet sich nichts von Liebe und Zärtlichkeit bei ihnen. Daher haben die Söhne oder die Töchter, die sie so zeugen, sehr oft einen teuflischen Wahnsinn in ihren Lastern und in ihrem Charakter, weil sie ohne Liebe gezeugt wurden. Ihre Nachkommen werden oft unglücklich und in ihrem ganzen Verhalten undurchschaubar. Deshalb können sie nicht von den Menschen geliebt werden, und sie bleiben auch selber nicht gerne bei den Menschen, da sie von vielen Halluzinationen heimgesucht werden. Wenn sie aber bei den Menschen bleiben, dann sind sie zu ihnen gehässig, neidisch und böse, und sie haben keine Freude mit ihnen. Einige ihrer Kinder werden jedoch manchmal klug und brauchbar, zeigen jedoch trotz dieser Brauchbarkeit ein so schlimmes und widersprüchliches Verhalten, daß man sie deshalb weder lieben noch ehren kann. Sie sind wie gewöhnliche Steine, die ohne Glanz herumliegen, als wären sie ausgelöscht, und die unter den glänzenden Steinen deshalb nicht geschätzt werden, weil sie keinen schönen Glanz haben.

Die Melancholikerin

Andere Frauen haben mageres Fleisch, dicke Blutgefäße, mäßig starke Knochen und ein Blut, das mehr schleimig als blutig ist. Ihr Teint ist wie mit einer dunkelgrauen Farbe gemischt. Diese Frauen sind windig und ausschweifend in ihren Gedanken und übel gelaunt, wenn sie sich bei einem Verdruß abhärmen. Da sie haltlos und nicht belastbar sind, leiden sie manchmal auch an Schwermut. Bei der Monatsblutung verlieren sie sehr viel Blut, und sie sind unfruchtbar, weil sie eine schwache, gebrechliche Gebärmutter haben. Daher können sie den männlichen Samen weder aufnehmen noch behalten noch erwärmen. Deshalb sind sie auch gesünder, kräftiger und fröhlicher ohne Gatten als mit ihnen, weil sie durch den Verkehr mit einem Ehemann krank würden. Die Männer aber wenden sich von ihnen ab und meiden sie, weil sie die Männer nicht freundlich anreden und weil die Männer sie nur wenig lieben. Wenn sie einmal zu irgendeiner Stunde Fleischeslust verspüren, vergeht sie jedoch bei ihnen wieder rasch. Einige von ihnen bringen schon einmal wenigstens ein Kind zur Welt, wenn sie einen kräftigen, vollblütigen Mann haben, und zwar dann, wenn sie in ein reifes Alter, zum Beispiel von fünfzig Jahren, gekommen sind. Wenn sie aber andere Männer von schwächlicher Natur hatten, dann empfangen sie von diesen nicht, sondern bleiben unfruchtbar. Wenn bei ihnen die Monatsblutung früher aufhört, als es der weiblichen Natur entspricht, dann werden sie einmal Gicht oder geschwollene Beine bekommen oder sich das Kopfleiden zuziehen, das die Melancholie auslöst. Oder sie werden Rücken- und Nierenschmerzen bekommen, oder ihr Körper wird in kurzer Zeit anschwellen, weil die widerwärtige Unreinlichkeit, die durch die Monatsblutung aus ihrem Körper entfernt werden sollte, darin verschlossen bleibt. Wenn sie in ihrem Leiden keine Hilfe erhalten, so daß sie durch Gottes Hilfe oder durch eine Medizin davon befreit werden, werden sie bald sterben.

Die männlichen Choleriker

Es gibt einige Männer mit besonderer Manneskraft. Sie haben ein starkes, festes Hirn. Ihre äußeren feinen Blutgefäße, welche die Haut zusammenhalten, sind etwas rötlich gefärbt. Auch ihre Gesichtsfarbe ist etwas rötlich, wie es auf einigen Bildern aussieht, die mit roter Farbe gemalt sind; sie haben kräftige Adern, die heißes wachsfarbenes Blut führen. Um die Brust sind sie gedrungen, und sie haben starke Arme. Sie sind nicht sehr fett, weil die kräftigen Adern, das kräftige Blut und die starken Glieder es nicht zulassen, daß ihr Fleisch sehr viel Fett ansetzt.

Die Cholerikerin

Andere Frauen haben ein zartes Fleisch, aber grobe Knochen, mäßig weite Blutgefäße und ein dickes rotes Blut. Ihre Gesichtsfarbe ist blaß. Sie sind klug und gütig, die Menschen bringen ihnen Achtung entgegen, und man fürchtet sie. Bei der Monatsblutung erleiden sie einen sehr hohen Blutverlust. Die Gebärmutter ist bei ihnen stark entwickelt, und sie sind fruchtbar. Die Männer lieben ihr Wesen, meiden sie jedoch ziemlich, weil sie die Männer anlocken, aber nicht an sich binden. Wenn sie aber mit einem Mann ehelich verbunden sind, sind sie keusch und halten ihnen die Treue als Ehefrau, und sie sind mit ihrem Mann körperlich gesund. Wenn sie keinen Mann haben, leiden sie körperlich und sind deshalb krank, weil sie nicht wissen, welchem Mann sie ihre weibliche Treue halten könnten, und ebenso deshalb, weil sie keinen Mann haben. Wenn bei ihnen die Monatsblutung früher, als es recht wäre, aufhört, werden sie leicht lahm und zerfließen in ihren Säften, so daß sie an diesen ihren Säften krank werden, daß sie leberkrank werden, daß sie auch leicht die schwarze Drachengeschwulst bekommen oder daß ihre Brüste vom Krebs anschwellen.

Die Phlegmatiker

Es gibt auch noch andere Männer, die ein festes, weißes und trockenes Gehirn haben, denn auch die kleinen Blutgefäße ihres Gehirns sind mehr weiß als rot. Sie haben große Glotzaugen und eine weibliche Gesichtsfarbe. Ihre Hautfarbe ist nicht frisch, sondern gleichsam verblaßt. Ihre Blutgefäße sind weit und weich, enthalten jedoch nicht viel Blut. Ihr Blut ist nicht besonders blutartig. sondern ziemlich schaumig. Sie haben genug Fleisch am Leib; es ist weich wie das

Fleisch von Frauen, Ihre Glieder sind kräftig. Diese Männer haben aber keinen Mut und keine Entschlossenheit. In ihren Gedanken und in ihren Gesprächen sind sie kühn und munter wie das Feuer, dessen Flamme plötzlich auflodert und rasch wieder zusammenfällt. In ihrem Auftreten zeigen sie Mut, aber nicht in ihren Taten. Im Umgang mit ihnen merkt man, daß es ihnen mehr auf Worte als auf Taten ankommt. Der Wind in ihren Lenden hat ein nur schwaches Feuer, so daß er wie lauwarmes Wasser nur wenig warm ist. Ihre beiden Behälter, die wie zwei Blasebälge sein sollten, um das Feuer zu erregen, sind in ihrer Schwäche völlig zurückgeblieben und haben keine Kraft, den Stamm aufzurichten, weil sie kein starkes Feuer in sich haben, Solche Männer können beim Beischlaf geliebt werden, weil sie Männern und Frauen beiwohnen können und weil sie treu sind. Sie haben ihren Mitmenschen gegenüber keinen tödlichen Haß, sondern den maßvollen Genuß der ersten Zeugung, aus der Adam und Eva ohne fleischliche Umarmung hervorgingen, während sie jedoch bei dieser und jener Zeugung versagen. Weil bei diesen Männern der Samen nicht wie sonst bei Männern sein kann, können sie weder durch einen Bart noch durch andere derartige männliche Merkmale männlich sein. Weil sie auch nicht mißgünstig sind, meinen sie es gut und lieben die Frauen in ihrer natürlichen Schwäche, weil sie auch schwach sind, weil die Frau in ihrer Schwäche wie ein Knabe ist. Daher erwärmen sich diese Männer manchmal ein wenig, so daß sie manchmal einen schwachen Bartwuchs bekommen wie beispielsweise die Erde, die ein wenig Graswuchs hervorbringt. Sie haben aber nicht die volle Kraft des Pfluges, die Erde umzupflügen, weil sie mit Frauen nicht so wie fruchtbare Männer verkehren können, sondern unfruchtbar sind, daher leiden sie auch nicht sehr in ihrem Herzen unter der Begierde; nur manchmal denken sie daran und haben Wünsche. Weil sie diesen körperlichen Mangel haben, sind sie auch langsam im Denken, und die Blutgefäße ihrer Schläfen stehen nicht in voller Kraft, sondern sie haben brüchige Gefäße, wie Halme und bestimmte Pflanzen. Man kann sie nicht männlich nennen, weil ihre Gefäße kalt sind und weil auch ihr Samen dünn und ungekocht ist wie Schaum. Und sie können ihn nicht bis zum richtigen Zeitpunkt zurückhalten.

Die phlegmatischen Frauen

Es gibt bestimmte andere Frauen, bei denen das Fleisch nicht sehr wächst, weil sie dicke Blutgefäße und ein ziemlich gesundes, helles Blut haben, das jedoch ein wenig Gift enthält, wovon es die helle Farbe bekommt. Ihre Miene ist ernst, ihr Teint etwas dunkel; sie sind fleißig und tüchtig und haben einen ziemlich männlichen Sinn. Während der Monatsblutung fließen die Blutbächlein weder zu schwach noch zu stark, sondern mäßig. Weil sie dicke Blutgefäße haben, sind sie sehr fruchtbar an Nachkommenschaft und empfangen leicht, weil ihre Gebärmutter und alle ihre Eingeweide kräftig entwickelt sind. Die Männer ziehen sie an sich und nach sich, und deshalb lieben die Männer sie. Wenn sie sich der Männer enthalten wollen, können sie sich der Verbindung mit ihnen enthalten, und sie werden dadurch nicht sehr, wenn auch ein wenig, mitgenommen. Wenn sie die Verbindung mit Männern meiden, werden sie jedoch in ihrem Wesen empfindlich und schwer erträglich. Wenn sie aber mit Männern zusammen waren und auf die Verbindung mit ihnen nicht verzichten wollten, werden sie in ihrer Leidenschaft unbeherrscht und maßlos wie die Männer. Weil sie ziemlich männlich sind, bilden sie aufgrund ihrer inneren Lebenskraft in der Kinngegend manchmal einen leichten Bartflaum aus. Wenn der Blutfluß während der Monatsblutung bei ihnen unterbrochen wird, dann befällt sie manchmal ein Kopfleiden, nämlich der Wahnsinn , oder sie werden milzkrank oder wassersüchtig, oder das wuchernde Fleisch, das immer bei Geschwüren vorkommt, wächst bei ihnen, oder sie bilden an irgendeinem Glied überwucherndes Fleisch aus, wie es an einem Baum oder an einer Frucht eine Geschwulst gibt.

4

Alltagsempirische Programme zur Gewinnung differentiell-diagnostischer Kompetenz (Thomasius, Ch., 1692 [1] und 1711 [2])

4.1 Das Programm (1692)

Christian Thomasius (1655 – 1728), Philosoph und Jurist, Professor in Leipzig, von dort wegen Zwistigkeiten mit orthodoxen Lutheranern vertrieben, dann in Halle, war ein prominenter Initiator der deutschen Frühaufklärung. Er vertrat eine praktische und lebensnahe Philosophie (Philosophie als Lebenshilfe). Zudem war er einer der ersten Professoren, die ihre Vorlesungen in deutscher Sprache hielten. In seinen ‚Kleinen Teutschen Schriften' (1692) veröffentlichte er u. a. eine Abhandlung mit dem wortreichen Titel ‚Neue Erfindung einer wohlgegründeten und für das gemeine Wesen höchstnötigen Wissenschaft, das Verborgene des Herzens anderer Menschen auch wider ihren Willen aus der täglichen Konservation zu erkennen' (Orthographie aktualisiert, G. E.).

Interessanterweise hat er diese Abhandlung als Brief an seinen Landesherrn, Kurfürst Friedrich III., abgefasst. Sehr wortreich preist Thomasius den praktischen Nutzen seiner ‚neuen Erfindung', der darin bestehen soll, mittels ‚Conversation' (Beobachtung, Exploration, anamnestische Informationen) „ein vollkömmliches Portrait von dem ganzen Gemüth" eines anderen Menschen zu gewinnen. Das Ergebnis der ‚Conversation' könne gegebenenfalls als Entscheidungshilfe in Personalangelegenheiten (z. B. ob jemand für den Staatsdienst geeignet ist oder nicht) dienen. Mit anderen Worten: Die ‚neue Erfindung' ist eine Art Gebrauchsanweisung zum Erwerb einer differentiell-psychodiagnostischen Kompetenz, die beispielsweise für Personalentscheidungen von Nutzen ist.

X.

Dem Durchlauchtigsten/Großmächtigsten
Fürsten und Herrn/

HERR

Friderich dem III.

Marggraffen zu Brandenburg/des
Heil. Römischen Reichs Ertz-Cämmerern
und Chur-Fürsten/ in Preussen/ zu Magde-
burg/ Cleve/ Jülich/ Berg/ Stettin/ Pommern/
der Cassuben und Wenden/ auch in Schlesien/zu
Crossen und Schwibus Hertzögen/ Burggraffen
zu Nürnberg/ Fürsten zu Halberstadt/ Minden
und Camin/ Graffen zu Hohenzollern/der Marck
und Ravensberg/ Herrn in Ravenstein/ auch der
Lande Lauenburg und Bütow/rc.rc.

Seinem Gnädigsten Chur-Fürsten
und Herrn/

Offeriret in Unterthänigsten Gehorsam
die neue Erfindung einer wohlgegründeten
und für das gemeine Wesen höchstnöthigen Wissenschafft!

Das Verborgene des Hertzens anderer
Menschen auch wider ihren Willen aus der
täglichen Conversation zu
erkennen/

Christian Thomas.

F f   Durch-

Ich nenne dieselbige die Wiſ=
ſenſchafft/ das Verborgene des Hertzens
anderer Menſchen auch wider ihren Willen aus der täglichen Converſation zu erkennen.   Nun beſcheide ich mich zwar wohl/
daß es GOtt alleine zuſtehe / die heimlichſten
Gedancken der Menſchen zu erforſchen / und
daß es einem Menſchen unmöglich ſey / alle
und jede Gedancken eines andern Menſchen
zu wiſſen.   Gleichwohl iſt im Gegentheil auch
nicht zu läugnen/ und giebet es die tägliche Er-
fahrung/ daß ein ſcharffſinniger Menſch zum
öfftern das jenige/ was ein anderer noch ſo ſehr
zu diſſimuliren und zuverbergen ſucht/ dennoch zu penetriren geſchickt iſt.   Indem man
nemlich in der täglichen Converſation entweder aus einem Diſcurs, oder aus einem andern Thun und Laſſen/ öffters aus einem von
ungefehr entfallenen Wort/ ja zuweilen gar aus
einem heimlichen Blick eines andern ſein Abſe-
hen auff einmahl zu errathen weiß/ welches er
ſich lange Zeit durch allerhand Künſte und
Räncke noch ſo meiſterlich zubergen gefliſſen.

Welches alles dann nicht von ungefehr und gleichsam par hazard zu geschehen pfleget/ sondern es bestehet der Grund dieser Wissenschafft darinnen/ daß man aus gewissen wenigen/ und in der allgemeinen menschlichen Natur offenbahr gegründeten Regeln / durch eine nicht allzu lange Zeit daurende Conversation anfänglich des andern seinen Haupt-Affect, und hernachmahls die unterschiedenen Grade derer andern Affecten/ die dem menschlichen Geschlecht gemein sind/ ergründen/ und daraus hernachabls von eines andern seiner Capacität/ was er dem gemeinen Wesen für Nutzen schaffen oder thun könne / ingleichen wie er nothwendig gegen uns gesinnet seyn müsse/ und wessen wir uns zu demselben zu versehen haben / durch eine unbetriegliche Folgerung schliessen kan.   Es bezeuget die Gewisheit/ dieser Kunst nicht allein das tägliche Exempel vieler Staats-Klugen Leute/ die zum öfftern in einer Conversation nur von einer Stunden lang/ entweder bey der Tafel/ oder beym Spiele/ ja zuweilen auch/ wenn sie einen Menschen gleichsam en passant nur ein wenig beschauet/ und auff seine Minen Achtung gegeben/ desselben vollkömliches Portrait von seinem gantzen Gemüthe zu machen wissen/ als wenn sie viel Jahr lang auff das vertrauteste und familiareste mit ihm umbgangen wären.

4.2 (Quasi-) quantitativ verfahrende Realisierungsversuche des Programms (1711)

Hatte die Abhandlung von 1692 eher den Charakter einer programmatischen Ankündigung, so beschrieb die später erscheinende Ergänzungsschrift ‚Weitere Erleuterung durch unterschiedene Exempel des ohnlängst gethanen Vorschlags wegen der neuen Wissenschaft, anderer Menschen Gemüther kennen zu lernen (4. Aufl., 1711) die konkreten (methodischen) Schritte, wie man verfahren muss, um die in Aussicht gestellten „vollkömmlichen Portraits" zu erhalten. Thomasius geht von der (nicht hinterfragbaren) Vorannahme aus, dass der zentrale Indikator für die Beurteilung einer Person der sog. Affektbereich sei. Es gebe (ebenfalls nicht hinterfragbar) vier ‚Hauptaffekte': drei negative (Wollust, Ehrgeiz, Geldgeiz) und einen positiven (vernünftige Liebe, auch selbstlose oder raisonnable Liebe genannt). Jede Person weise eine spezifische, ‚Affekte-Mischung' auf. Der Beurteiler habe sowohl den stärksten Affekt (‚passion dominante') als auch das Gewicht der einzelnen Affekte am Gesamtprofil der zu beurteilenden Person *quantitativ* zu bestimmen. Die höchstmögliche Bewertung ist der ‚Grad' 60, die niedrigste der ‚Grad' 5. Bei einem Abstand von 5 zwischen jedem ‚Grad' ergeben sich somit 12 Bewertungsvarianten (5, 10, 15 usw.). Die Schätzungen des ‚Grades' beruhen auf eigenen Beobachtungen und auf Informationen vom Hörensagen. Sie sollen eine der Alltagserfahrung entsprechende Stimmigkeit aufweisen. Beispielsweise könne bei einer ‚trägen' Person der ‚Grad' für den Affekt ‚Ehrgeiz' nicht allzu hoch veranschlagt werden. Hingegen könne der Affekt ‚Wollust' bei einer ‚trägen' Person durchaus hoch eingestuft werden, da unter ‚Wollust' auch ein übertriebener Hang zu Bequemlichkeit, Luxus und Nichtstun subsumierbar ist (d. h. Wollust ist nicht auf den Sexualbereich beschränkt). Um die Zuverlässigkeit der Beurteilungen zu erhöhen, setzt Thomasius für eine Person mehrere ‚fortgeschrittene' und unabhängig voneinander votierende Studenten gewissermaßen als externe Bewerter ein. Aus dem Vergleich der von ihm selbst erstellten ‚Affekte-Mischung' mit denen seiner Studenten meint Thomasius ein hinlänglich aussagekräftiges Persönlichkeitsbild zeichnen zu können. Im folgenden Quellentext („das 3. Exempel") werden drei Bewertungen (Thomasius, zwei studentische ‚Aufsätze') zur ‚Affekten-Mischung' einer bekannten Person vorgestellt.

Christian Thomasens/

JCti, Chur=Brandenburgischen Raths
und Profess. Publ. zu Halle/

Weitere Erleuterung

durch unterschiedene Exempel des
ohnlängst gethanen Vorschlags wegen
der neuen Wissenschafft/

Anderer Menschen Gemüther er-
kennen zu lernen/

Auf Anleitung der nöthigen und gründlichen
Beantwortung derer vielfältigen und über
drey Jahr hero continuirten

Zunöthigungen Hr. M. W. E. Tentzels
publiciret/
und

S. T. Herrn

D. Johann Friedrich Meyern/

weitberühmten Theologo
&c. &c. &c. &c.

Zur Dancksagung/für die in seinem Mißbrauch
der Freyheit der Gläubigen zugefügten harten
Schmäh= und Lästerungen/
zugeignet.

Vierte Edition.

Halle/ gedruckt und verlegt von Christoph
Salfelds Wittwe. Anno 1711.

Unterschiedene Exempel / wie man nach denen Regeln vorbesagter Wissenschafft auff unterschiedene Manieren andere Menschen erkennen könne.

Ch habe im vorigen Capitel versprochen die Beschaffenheiten eines Menschen zu zeigen/ der in einen hohen Grad wollüstig und Geldgeitzig sey / ungleichen wie man von einem Menschen den man nicht gesehen/ ein zulängliches Urtheil von der *Mixtur* seiner Gemüths-Bewegungen geben solle. Dieweil aber andere die von meinen *Tractätgen* ihr Urtheil gefället / mehrentheils sich nicht einbilden können/ daß es möglich sey so vielfältig unterschiedene *Humeurs* der Men-

schen unter die Regeln einer Wissenschafft die
man bald erlernen könte zu bringen/ und ich in be-
sagten *Tractätgen* nur überhaupt davon und
gleichsam *in summa idea raisonniret*/ und gantz
keinen Geschmack durch ein einiges Exempel davon gegeben; Als wil ich in diesen letzten Capitel
etliche Exempel fürstellen/ nicht dadurch die *prae-*
occupirten und von *Prejudiciis* eingenommenen
auff meine Seite zu bringen/ sondern denen Lehr-
begierigen mehr Auffmercksamkeit und Begierde/
dieser edlen Wissenschafft selbsten nachzudencken/
zu erwecken.　　Jene mögen bey ihren fünff Augen
bleiben und von meiner Wissenschafft so ver-
ächtlich reden als sie wollen/ sie mögen nun seyn
von was *condition* sie wollen/ es ist mir gnug/
daß ich täglich mehr Proben von der Gewißheit
dieser Kunst erfahre/ und gewahr werde/ wie
leichte dieselbe von denen die sich selber kennen
lernen/ begriffen werden könne. Ja es mag künfftig Herr *M.* Tentzel oder andere seines gleichen
darüber bellen oder schreyen was sie wollen/ es
wird mich solches künfftig nicht das geringste an-
fechten/ noch zu einer Beantwortung *disponiren*/
sondern ich werde allezeit bereit seyn ihre *Dubia*
realiter das ist durch die *Praxin* dieser Kunst zu *re-*
futiren.　　Der Grund derselben wird in der
Selbsterkäntniß die ich geliebts GOtt auff
künfftige Oster-Messe zu *publiciren* gesonnen bin/
sattsam *demonstriret* werden.　　Aber die Kunst
selber stehe ich wegen vieler Ursachen an so bald

Die Revitalisierung der galenischen Temperamentenlehre in der klassischen deutschen Philosophie (Kant, I., 1798)

In der philosophiehistorischen Literatur wird gemeinhin von einer Geringschätzung der ‚trivialen‘, *nur* auf Beobachtung beruhenden Erfahrungsseelenkunde seitens der Protagonisten des klassischen deutschen Idealismus gesprochen. Umso erstaunlicher scheint zu sein, dass der große philosophische *Kritiker* (‚Kritik der reinen Vernunft‘, ‚Kritik der praktischen Vernunft‘, ‚Kritik der Urteilskraft‘) und Verfechter einer ‚reinen‘ Philosophie, Immanuel Kant (1724 – 1804), in einem Spätwerk die galenische Klassifikation der menschlichen Temperamente *ohne kritisches Hinterfragen*, gewissermaßen als verbindliche Option zur Charakterisierung menschlicher Wesenszüge übernimmt. Die Rede ist von dem Band ‚Anthropologie in pragmatischer Hinsicht‘ (1798).[4] In der ‚Vorrede‘ zu diesem Buch hat Kant freilich nicht versäumt darauf hinzuweisen, dass „die Geschäfte der reinen Philosophie" von den „auf Weltkenntnis[5] abzweckenden Vorlesungen", wie z. B. pragmatische Anthropologie, zu unterscheiden seien (Kant, 1923 [1798] , 6). Das

---

4   Dieses Werk ist die verschriftlichte Form von Vorlesungen, die Kant in den 70er Jahren (des 18. Jahrhunderts) gehalten hat. In der Abteilung ‚Vorlesungen‘ der ‚Gesammelten Schriften Kants‘ (Bd. 25.1 und 25.2, 1997, Berlin: de Gruyter) wurden erhalten gebliebene studentische Nachschriften aus den Semestern 1772/73 bis 1788/89 veröffentlicht.

5   „Weltkenntnis" erlangt man nach Kant weder durch Metaphysik noch durch naturwissenschaftliches Experiment, sondern nur durch „gewöhnliche Erfahrung". Eine solche „gewöhnliche Erfahrung" erwerbe man beispielsweise durch Reisen, Lektüre von Biographien und Romanen, Schauspiele usw. Man wird wohl Otto Marquard Recht geben dürfen, wenn er Kant eine „Aufgeschlossenheit für den Reichtum der Empirie und für die Mitmenschen" attestiert (Marquard, O., 1971, Bd. I, 366).

Menschenbild, das Kant seiner Anthropologie zugrunde legt, lässt indes an Klarheit nichts zu wünschen übrig: Die pragmatische Anthropologie „geht …] auf das, was er [der Mensch, G. E.] als *freihandelndes Wesen aus sich selber macht oder machen kann und soll"* (a. a. O., S. 3). (Das, was man später z. B. Bandura, Mischel u. a. als ‚Subjektfunktion des Individuums‘ bezeichnete, wird bereits hier skizziert.) Für die an Galen anknüpfende Klassifikation von Temperamenten sei nicht die „Blutbeschaffenheit" wichtig, sondern „zur Benennung einer gewissen Temperamentseigenschaft" sei zu prüfen, „welche Gefühle und Neigungen man bei der *Beobachtung* des Menschen zusammenstellt" (a. a. O., 179). Die vier Temperamente Galens werden in zwei Klassen aufgeteilt: die „Temperamente des Gefühls" (sanguinisch, melancholisch) und die „Temperamente der Tätigkeit" (cholerisch, phlegmatisch). Die Beschreibung der Eigenschaften, die den verschiedenen Temperamenten zugeordnet wurden, entbehrt nicht einer gewissen Alltagserfahrung und einer Prise Humors.

Der Sanguiniker sei „ein guter Gesellschafter", aber „ein schlimm zu bekehrender Sünder"; der Melancholiker sei „für den Frohsinn unempfänglich"; der Choleriker „macht gern einen großen Befehlshaber"; der Phlegmatiker sei zwar „träge", aber „kein Faulenzer".

Psychologisch aber erwogen, d. i. als Temperament der Seele (Gefühls- und Begehrungsvermögens), werden jene von der Blutbeschaffenheit entlehnte Ausdrücke nur als nach der Analogie des Spiels der Gefühle und Begierden mit körperlichen bewegenden Ursachen (worunter das Blut die vornehmste ist) vorgestellt. Da ergibt sich nun: daß die Temperamente, die wir bloß der Seele beilegen, doch wohl insgeheim das Körperliche im Menschen auch zur mitwirkenden Ursache haben mögen: – ferner daß, da sie erstlich die Obereinteilung derselben in Temperamente des Gefühls und der Tätigkeit zulassen, zweitens jede derselben mit Erregbarkeit der Lebenskraft (intensio), oder Abspannung (remissio) derselben verbunden werden kann – gerade nur vier einfache Temperamente (wie in den 4 syllogistischen Figuren durch den medius terminus) aufgestellt werden können: das sanguinische, das melancholische, das cholerische und das phlegmatische; wodurch dann die alten Formen beibehalten werden können und nur eine dem Geist dieser Temperamentenlehre angepaßte bequemere Deutung erhalten. Hiebei dient der Ausdruck der Blutbeschaffenheit nicht dazu, die Ursache der Phänomene des sinnlich-affizierten Menschen anzugeben, – es sei nach der Humoral- oder der Nervenpathologie; sondern sie nur den beobachteten Wirkungen nach zu klassifizieren, denn man verlangt nicht vorher zu wissen, welche chemische Blutmischung es sei, die zur Benennung einer gewissen Temperamentseigenschaft berechtige, sondern welche Gefühle und Neigungen man bei der Beobachtung des Menschen zusammenstellt, um für ihn den Titel einer besonderen Klasse schicklich anzugeben. Die Obereinteilung der Temperamentenlehre kann also die sein: in Temperamente des Gefühls und Temperamente der Tätigkeit, und diese kann durch Untereinteilung wiederum in zwei Arten zerfallen, die zusammen die 4 Temperamente geben. – Zu den Temperamenten des Gefühls zähle ich nun das sanguinische, A, und sein Gegenstück, das melancholische, B. – Das erstere hat nun die Eigentümlichkeit, daß die Empfindung schnell und stark affiziert wird, aber nicht tief eindringt (nicht dauerhaft ist); dagegen in dem zweiten die Empfindung weniger auffallend ist, aber sich tief einwurzelt [...]

I. Temperamente des Gefühls

A. Das sanguinische Temperament des Leichtblütigen

Der Sanguinische gibt seine Sinnesart an folgenden Äußerungen zu erkennen. Er ist sorglos und voll guter Hoffnung; gibt jedem Dinge für den Augenblick eine große Wichtigkeit, und den folgenden mag er daran nicht weiter denken. Er verspricht ehrlicherweise, aber hält nicht Wort: weil er nicht vorher tief genug nachgedacht hat, ob er es auch zu halten vermögend sein werde. Er ist gutmütig genug, anderen Hilfe zu leisten, ist aber ein schlimmer Schuldner und verlangt immer Fristen. Er ist ein guter Gesellschafter, scherzhaft, aufgeräumt, mag keinem Dinge gerne große Wichtigkeit geben (Vive la bagatelle!) und hat alle Menschen zu Freunden. Er ist gewöhnlich kein böser Mensch, aber ein schlimm zu bekehrender Sünder, den etwas zwar sehr reuet, der aber diese Reue (die nie ein Gram wird) bald vergißt. Er ermüdet unter Geschäften und ist doch rastlos beschäftigt in dem, was bloß Spiel ist; weil dieses Abwechselung bei sich führt und das Beharren seine Sache nicht ist.

B. Das melancholische Temperament des Schwerblütigen

Der zur Melancholie Gestimmte (nicht der Melancholische; denn das bedeutet einen Zustand, nicht den bloßen Hang zu einem Zustande) gibt allen Dingen, die ihn selbst angehen, eine große Wichtigkeit; findet allerwärts Ursache zu Besorgnissen und richtet seine Aufmerksamkeit zuerst auf die Schwierigkeiten: so wie dagegen der Sanguinische von der Hoffnung des Gelingens anhebt, daher jener auch tief, so wie dieser nur oberflächlich denkt. Er verspricht schwerlich: weil ihm das Worthalten teuer, aber das Vermögen dazu bedenklich ist. Nicht daß dieses alles aus moralischen Ursachen geschähe (denn es ist hier von sinnlichen Triebfedern die Rede), sondern weil ihm das Widerspiel Ungelegenheit und ihn eben darum besorgt, mißtrauisch und bedenklich, dadurch aber auch für den Frohsinn unempfänglich macht. – Übrigens ist diese Gemütsstimmung, wenn sie habituell ist, doch der des Menschenfreundes, welche mehr ein Erbteil des Sanguinischen ist, wenigstens dem Anreize nach entgegen; weil der, welcher selbst der Freude entbehren muß, sie schwerlich anderen gönnen wird.

II. Temperamente der Tätigkeit

Das cholerische Temperament des Warmblütigen
Man sagt von ihm: er ist hitzig. brennt schnell auf wie Strohfeuer, läßt sich durch Nachgebendes andern bald besänftigen, zürnt alsdann, ohne zu hassen, und liebt wohl gar den noch desto mehr, der ihm bald nachgegeben hat. – Seine Tätigkeit ist rasch, aber nicht anhaltend. – Er ist geschäftig, aber unterzieht sich selbst ungern den Geschäften, eben darum weil er es nicht anhaltend ist, und macht also gern den bloßen Befehlshaber, der sie leitet, aber selbst nicht ausführen will. Daher ist seine herrschende Leidenschaft Ehrbegierde; er hat gern mit öffentlichen Geschäften zu tun und will laut gepriesen sein. Er liebt daher den Schein und den Pomp der Formalitäten; nimmt gerne in Schutz und ist dem Scheine nach großmütig, aber nicht aus Liebe, sondern aus Stolz; denn er liebt sich mehr selbst.- Er hält auf Ordnung und scheint deshalb klüger, als er ist. Er ist habsüchtig, um nicht filzig zu sein; ist höflich, aber mit Zeremonie, steif und geschroben im Umgange und hat gerne irgend einen Schmeichler, der das Stichblatt seines Witzes ist, leidet mehr Kränkungen durch den Widerstand anderer gegen seine stolzen Anmaßungen, als je der Geizige durch seine habsüchtigen; weil ein bisschen kaustischen Witzes ihm den Nimbus seiner Wichtigkeit ganz wegbläst, indessen daß der Geizige doch durch den Gewinn dafür schadlos gehalten wird. – Mit einem Worte, das cholerische Temperament ist unter allen am wenigsten glücklich, weil es am meisten den Widerstand gegen sich aufruft.

Das phlegmatische Temperament des Kaltblütigen
Phlegma bedeutet Affektlosigkeit, nicht Trägheit (Leblosigkeit), und man darf den Mann, der viel Phlegma hat, darum nicht sofort einen Phlegmatiker oder ihn phlegmatisch nennen und ihn unter diesem Titel in die Klasse der Faulenzer setzen. Phlegma, als Schwäche, ist Hang zur Untätigkeit, sich durch selbst starke Triebfedern zu Geschäften nicht bewegen zu lassen. Die Unempfindlichkeit dafür ist willkürliche Unnützlichkeit, und die Neigungen gehen nur auf Sättigung und Schlaf. Phlegma, als Stärke, ist dagegen die Eigenschaft: nicht leicht oder rasch, aber, wenngleich langsam, doch anhaltend bewegt zu werden. – Der,

welcher eine gute Dosis von Phlegma in seiner Mischung hat, wird langsam warm, aber er behält die Wärme länger. Er gerät nicht leicht in Zorn, sondern bedenkt sich erst, ob er nicht zürnen solle; wenn andrerseits der Cholerische rasend werden möchte, daß er den festen Mann nicht aus seiner Kaltblütigkeit bringen kann. Mit einer ganz gewöhnlichen Dosis der Vernunft, aber zugleich diesem Phlegma von der Natur ausgestattet, ohne zu glänzen, und doch von Grundsätzen, nicht vom Instinkt ausgehend, hat der Kaltblütige nichts zu bereuen. Sein glückliches Temperament vertritt bei ihm die Stelle der Weisheit, und man nennt ihn selbst im gemeinen Leben oft den Philosophen. Durch dieses ist er anderen überlegen, ohne ihre Eitelkeit zu kränken. Man nennt ihn auch oft durchtrieben; denn alle auf ihn losgeschnellte Ballisten und Katapulten prallen von ihm als einem Wollsack ab. Er ist ein verträglicher Ehemann und weiß sich die Herrschaft über Frau und Verwandte zu verschaffen, indessen daß er scheint allen zu Willen zu sein, weil er durch seinen unbiegsamen, aber überlegten Willen den ihrigen zu dem seinen umzustimmen versteht: wie Körper, welche mit kleiner Masse und großer Geschwindigkeit den Stoß ausüben, durchbohren, mit weniger Geschwindigkeit aber und größerer Masse das ihnen entgegenstehende Hindernis mit sich fortführen, ohne es zu zertrümmern (Kant, I., 1923, 178 – 182).

Physiognomik als Seelenzeichenkunde (Lavater, J. C., 1968 [1775 – 1778]) 6

6.1 Definition und Gegenstand der Physiognomik

Die Physiognomik geht von der Hypothese aus, dass eine Analogie zwischen somatischen Merkmalen und persönlichkeitspsychologischen Eigenschaften (traits) besteht. Als somatisches Merkmal diente dabei das unbewegte menschliche Gesicht. Ein enthusiastischer Protagonist dieser Auffassung war der Züricher Schriftsteller und Pfarrer Johann Caspar Lavater (1741 – 1801). Mit seinem 4-bändigen Werk ‚Physiognomische Fragmente zur Beförderung der Menschenkenntniß und Menschenliebe' (1775 – 1778) machte er die Physiognomik zu einem von Gelehrten, Schriftstellern und Laien strapazierten Deutungsfeld, das im letzten Viertel des 18. Jahrhunderts den Höhepunkt seiner Verbreitung erreichte. Lavaters physiognomische Lehre war in einen religiös-theologischen Kontext eingebunden (Übereinstimmung von Leib und Seele als Gottes Schöpfungswerk).

Physiognomische Fragmente,

zur Beförderung

der Menschenkenntniß und Menschenliebe,

von

Johann Caspar Lavater.

Gott schuf den Menschen sich zum Bilde!

Erster Versuch.

Mit vielen Kupfern.

Leipzig und Winterthur, 1775.
Bey Weidmanns Erben und Reich, und Heinrich Steiner und Compagnie.

6.2 ‚Individualität' und ‚innen- außen – Homologie' als konzeptionelle Schwerpunkte

Physiognomik war in erster Linie eine modische Lieblingsbeschäftigung breiter Kreise der Gesellschaft. Dennoch sind die ihr zugrunde liegenden anthropologisch-psychologischen Voraussetzungen durchaus einer historisch-kritischen Würdigung wert:

1. Jeder Mensch ist eine von anderen unterscheidbare, unverwechselbare Individualität. Mit dem Bezugspunkt ‚Gesicht' erhält diese Individualität eine konkrete Ausformung.
2. Zur Veranschaulichung der Relation ‚innen' (Seele) vs. ‚außen' (Körper) bedient sich Lavater der sog. Spiegel-Metapher: Das Innere spiegelt sich im Äußeren wider und umgekehrt. (Interessanterweise macht später unter völlig anderen Kontextbedingungen die Gestaltpsychologie von dieser Metapher Gebrauch.)

Von der Physiognomik.

Da dieses Wort so oft in dieser Schrift vorkömmt, so muß ich vor allen Dingen sagen, was ich darunter verstehe: Nämlich — die Fertigkeit durch das Aeußerliche eines Menschen sein Innres zu erkennen; das, was nicht unmittelbar in die Sinne fällt, vermittelst irgend eines natürlichen Ausdrucks wahrzunehmen.   In so fern ich von der Physiognomik als einer Wissenschaft rede — begreif ich unter Physiognomie alle unmittelbaren Aeußerungen des Menschen. Alle Züge, Umrisse, alle passive und active Bewegungen, alle Lagen und Stellungen des menschlichen Körpers; alles, wodurch der leidende oder handelnde Mensch unmittelbar bemerkt werden kann, wodurch er seine Person zeigt — ist der Gegenstand der Physiognomik.

Im weitesten Verstand ist mir menschliche Physiognomie — das Aeußere, die Oberfläche des Menschen in Ruhe oder Bewegung, sey's nun im Urbild oder irgend einem Nachbilde. Physiognomik, das Wissen, die Kenntniße des Verhältnisses des Aeußern mit dem Innern; der sichtbaren Oberfläche mit dem unsichtbaren Innhalt; dessen was sichtbar und wahrnehmlich belebt wird, mit dem, was unsichtbar und unwahrnehmlich belebt; der sichtbaren Wirkung zu der unsichtbaren Kraft.

Im engern Verstand ist Physiognomie die Gesichtsbildung, und Physiognomik Kenntniß der Gesichtszüge und ihrer Bedeutung.

Von der Wahrheit der Physiognomie.

Einer der vornehmsten Zwecke meines Werkes ist, zu beweisen, darzuthun, fühlbar zu machen, daß es eine Physiognomie giebt; daß die Physiognomie Wahrheit, das ist, daß sie wahrer sichtbarer Ausdruck innerer an sich selbst unsichtbarer Eigenschaften ist.

6.3 Physiognomik – Wissenschaft oder Kunst?

Die Physiognomik beansprucht, eine (zumindest ‚nichtmathematische') Wissenschaft zu sein, weil ihr Untersuchungsgegenstand „bis auf einen gewissen Grad unter bestimmte Regeln gebracht werden" könne. Sie schließt von ‚Zeichen' (Gesichtsbildung) auf Charaktermerkmale. Insofern kann sie der sog. ‚Seelenzeichenkunde' zugeordnet werden (vgl. Schönpflug, 2000, 192. 195). Für Lavater ist die Zuschreibung einer Wissenschaftlichkeit für die Physiognomik aber nur sekundär von Bedeutung. Primär ist für ihn (subjektive) ‚Empfindung und schnelles Menschengefühl'. Letztlich wird von ihrem Selbstverständnis her die Physiognomik mehr als Kunst und Intuition und weniger als Wissenschaft zu bewerten sein.

Die Physiognomik, eine Wissenschaft.

„Aber nie, und wenn wirklich auch etwas Wahres dran seyn sollte, nie wird die Phy= „siognomik eine Wissenschaft werden." *) — Das ist's, was tausend Leser und Nichtleser dieser Schrift sagen, — und vermuthlich, so leicht und klar sich auch diese Einwendung beant= worten, und so wenig sich auch wider die Antwort sagen läßt, als wenn nichts drauf gesagt worden wäre, fortbehaupten werden.

Und was läßt sich darauf antworten?

„Die Physiognomik kann eine Wissenschaft werden, so gut als alle unmathematische „Wissenschaften!"

So gut als die Physik; — denn sie ist Physik! So gut, als die Arzneykunst, denn sie ist ein Theil der Arzneykunst! So gut als die Theologie, denn sie ist Theologie! **) So gut als die schönen Wissenschaften, denn sie gehört zu den schönen Wissenschaften.

So wie diese alle kann sie bis auf einen gewissen Grad unter bestimmte Regeln ge= bracht werden; hat sie ihre bestimmbaren Charactere — die sich lehren und lernen, mittheilen, empfangen und fortpflanzen lassen. So wie diese alle muß sie sehr vieles dem Genie, dem Gefühl überlassen; hat sie für vieles noch keine bestimmte, oder bestimmbare Zeichen und Regeln.

Wer die leichte, jedem Kinde mögliche, Mühe nehmen mag, das nicht aus den Augen zu setzen, was alle, wenigstens unmathematische, und nicht rein mathematische Wissenschaften gemein haben — der sollte sein Lebtag nichts mehr gegen die Wissenschaftlichkeit der Physiogno=

6.4 Die physiognomische Veranschaulichung der klassischen Temperamentstypen

Lavater versichert, seine Physiognomik ermögliche „eine neue Beleuchtung" (Fragmente, IV, 343) der klassischen galenischen Temperamentenlehre. Diese „Beleuchtung" besteht darin, dass jedem der vier Temperamente jeweils spezifische Gesichtsbildungen zugeordnet (bzw. konstruiert) werden. „Alle Profilumrisse eines Gesichtes und des ganzen Menschen liefern uns charakteristische Linien". Nach Lavater zeichnen sich die vier Temperamente durch unterschiedliche „Grade der Reizbarkeit" (a. a. O., 346) aus.

Zweytes Fragment.

Einige Beylagen zur physiognomischen Charakteristik der ge-wöhnlichen vier Temperamente.

A. Choleriker, Phlegmatiker.

Hier ein Choleriker und Phlegmatiker, von vorne und im Profil anzusehen.

Des IV Ban-des XXIV Ta-fel. Choleriker, Phlegmatiker. Wieder ein Beweis unsers Satzes, die Temperamente sind auch ohne Farbe, oh-ne Leben, ohne Blick sogar — so wenig wir die Bedeutsamkeit des Blickes verwerfen oder ausschließen wollen, durch bloße Umrisse erkennbar.

Was in dem Gesichte des Cholerikers eckigt ist, ist cholerisch; was fleischig rund ist, im Phlegmatiker phlegmatisch.

Die Nasenspitze im Profile des Charakters ist für die sehr cholerische Unterlippe zu phlegma-tisch. Das Auge im Profile des Phlegmatikers, als eines solchen, zu cholerisch.

Die Augenbraunen des Cholerikers, als Cholerikers, hätten stärker, und die Stirne nicht so zart und feineckigt seyn sollen. Das Vollgesicht des Cholerikers ist überhaupt viel zärter, als das Profil, und für den Choleriker zu zart. Der Mund ist beynahe ganz sanguinisch. Das Auge ist am wenigsten für die Cholera ausschließend charakteristisch.

Charakter

„Bey melancholischen oder saturninischen, die „schwer, finster alles eher auf der trübesten Seite anse-„hen, die Begierde zur tiefsten Sicherheit oder Festig-„keit und Gründlichkeit; daher die tiefste Anziehungs-„Eindrückungs - und Festhaltungskraft, unter allem, „wovon die Erde in ihrem Elemente das stärkste Bild „ist. Reizbarkeit zu dicht allbefestigender Aus-„breitung.

„Licht, Salz und Erde und die ihnen ähnlichsten „Seelenkräfte herrschen mehr bey dem männlichen Ge-„schlechte. Luft, Wasser und Fettigkeit und ihnen „antwortende Gemüthskräfte mehr bey dem weiblichen.

„Feuer nach eines jeden Art bey beyden vertheilt; bey „Männern natürlich mehr scharf, blitzgleich, herb an-„greifend, festglühend; bey Frauenzimmern natürlich „sanft, mehr ölig, erwärmend — und entflammend! „Ecce ex adverfis undique temperies.“

Ich will nichts zu diesen, wie mich deucht, äußerst wichtigen und feinen Gedanken eines alten Cosmopo-liten, wie er sich in dem mir zugesandten Manuscripte nennt, hinzu thun. Ich hoffe, daß nachdenkende Le-ser mit diesem Blatte, als Stoff zum Nachdenken we-nigstens, zufrieden seyn werden.

Charakter der Cholera liegt sonst viel in der Zeichnung des Auges — Entweder — wenn der Augapfel hervordringt, viel Weißes unter dem Sterne noch sichtbar ist — aber dieß ja nicht allein; sondern zugleich das obere Augenlied sich zurückschiebt, daß man fast gar nichts davon wahrnimmt, wenn sich das Auge öffnet.

Oder, wenn das Auge tief liegt, die Umrisse davon sehr bestimmt, und fest und ohne viele Schweifung sind.   Des Phlegmatikers Umrisse sind durchaus lockerer, stumpfer, hängender, ungespannter.   Die Umrisse der Augen geschweift.   Wohl verstanden; es giebt andere Kennzeichen noch viel; nicht alle Phlegmatiker haben dieß Zeichen; aber wer's hat, ist gewiß Phlegmatiker.

Wenn die vorstehende Unterlippe, die jedoch an sich immer ein Zeichen des Phlegma ist, indem sie offenbar vom Ueberflusse, und nicht vom Mangel der Feuchtigkeiten herrühret, eckigt, scharfgezeichnet ist, wie im Profile unsers Cholerikers — so ist's Zeichen von cholerisirtem Phlegma, das heißt, von der Siedbarkeit des Wassers — ist sie weich, abgestumpft, kraftlos, hängend, so ist's reines Phlegma.

Beylage B.   Sanguiniker.   Melancholiker.

Des IV Ban-
des XXV Ta-
fel. Sangui-
niker. Melan-
choliker.

Unser Sanguiniker hat zu viel Phlegma.   Sonst sind Aug und Stirn und Nase vollkommen sanguinisch — nicht ganz bogigt, nicht hart, zurückgehend, weich und doch bestimmt. — Der Melancholiker im Profil ist melancholischer, als der mit dem Vollgesichte, welches mehr verachtet, als leidet.   Beyde haben auch eine ungleiche Stirn.   Die obere ist melancholischer und gerade so schwach, als nöthig ist, um von jeder kleinen Last dunkler Ideen schwer gedrückt zu werden.

Ich habe es an sehr viel Melancholikern bemerkt, daß sie bey den Schläfen Vertiefungen haben.

Das Auge des obern ist wahrhaft melancholisch.   Das untere mehr durchblickend, als matt erlischend. — Die Augen der Melancholiker rollen entweder schnell und scheinen hervorzudringen — oder sie starren still.

Gegen die Lippen herunter sich senkende Nasen habe ich an vielen Melancholikern, und an keinem einzigen bemerkt, bey dem melancholisches Temperament nicht bisweilen wenigstens herrschend ist.   Auch vorstehende Unterlippen und kleines nicht sehr stumpfes, nicht sehr fleischiges Kinn.

Besonders aber ist der Zug vom Auge herunter bis zum Kinne, und der von der Nase bis unter den Mund äußerst melancholisch — so wie's auch Haar und Kleid und Stellung ist.

Es giebt Melancholiker mit sehr sanguinischem Temperamente.   Menschen von feiner Reizbarkeit, feinem moralischen Gefühle, die zu Lastern hingerissen worden und werden — die sie tief verabscheuen, und denen zu widerstehen sie doch keine Kraft haben.   Der Charakter dieser ihrer tiefen Traurigkeit und Muthlosigkeit schwebt im immer ausweichenden Blick und wenigen wider einander stehenden Fältchen der Stirnhaut — Und wie die eigentlichen Melancholiker größtentheils ihren Mund verschlossen haben — so sind dieser ihre Lippen in der Mitte immer etwas offen.   Kleine Nasenlöcher bemerkte ich an sehr vielen Melancholikern.   Und selten haben sie ordentlich und nett gereihete und reinlich weiße Zähne.

Die Begründung der Charakterologie – ein Beispiel geisteswissenschaftlicher Reflexionen zur Persönlichkeitsproblematik (Bahnsen, J., 1867)

7.1 Charakterologie als ‚Phänomenologie des Willens‘

Zur Vorgeschichte der Persönlichkeitspsychologie gehören die als ‚Charakterologie‘ bezeichneten Ansätze. Der erste systematischen Anspruch erhebende Versuch dieser Art geht auf Julius Bahnsen (1830 – 1881) zurück. In seinen ‚Beiträgen zur Charakterologie mit besonderer Berücksichtigung pädagogischer Fragen‘ (1867) betont er, die Charakterologie bedürfe einer „metaphysischen Grundlage" (Bahnsen, 1867, 1). Er selbst bezog sich auf die Philosophie A. Schopenhauers, des Autors eines Werkes mit dem programmatischen Titel ‚Die Welt als Wille und Vorstellung‘ (1819). Ausgehend von einer solchen ‚metaphysischen Grundlage‘, erklärte er den dem ‚Willen‘ unterliegenden Motivationsbereich zur zentralen Bezugsgröße charakterologischer Bestimmungen. Letztlich sei die Charakterologie eine „Phänomenologie des Willens" (ebd.).

.Bahnsen betrachtet die Charakterologie als ein „Bindeglied zwischen psychologischer und ethischer Betrachtungsweise" (a. a. O., 3). Die in seinem Buchtitel explizit angekündigte ‚Berücksichtigung pädagogischer Fragen‘ äußert sich u. a. darin, dass bei charakterologischen Beschreibungen in hohem Maße ethisch-moralische Werte und Wertungen verwendet werden. Beispielsweise ist die Rede vom ‚windschiefen Charakter‘ oder auch von der ‚Charakter*losigkeit*‘, die dem ‚Lumpenthum‘ eigen sei (Band I, 431 ff.).

Beiträge

zur

Charakterologie.

Mit

besonderer Berücksichtigung pädagogischer Fragen.

Von

Dr. Julius Bahnsen.

———

Erster Band.

Leipzig:

F. A. Brockhaus.

—

1867.

Einleitung.

Begriff und Umfang der Charakterologie.

Als eine „Phänomenologie des Willens" hat die Charakterologie den Willen als in Individualitäten überhaupt erscheinenden kennen zu lehren. Insofern ist sie eine descriptive Wissenschaft und kann sich auch auf Betrachtung der gesammten Thierwelt ausdehnen. Als Theil der Anthropologie beschränkt sie sich auf Analyse der Persönlichkeit und fällt mit bestimmten Abschnitten der sogenannten Psychologie im engern Sinne zusammen. Sie kann dabei so wenig wie irgendeine andere philosophische Disciplin der metaphysischen Grundlage entrathen, und so oft sie sich auf diese zurückbezieht, muß sie deductiv verfahren. Deshalb ist von jedem Versuch, sie systematisch darzustellen, ein Ausweis darüber zu verlangen, auf welche metaphysische Voraussetzungen er sich zu stützen gedenkt; auch schon darum, weil nur in der Anlehnung an eine bereits feststehende oder in der Rechtfertigung einer neu aufgestellten Terminologie sichere und volle Verständlichkeit die nöthigen Garantien findet. Indem also die hier gelieferten Beiträge auf dem von Arthur Schopenhauer gelegten Fundamente Fuß fassen, setzen dieselben im ganzen eine Bekanntschaft mit dessen Lehre und Ausdrucksweise voraus. Insbesondere ist es das Problem vom lebendigen Verhältniß zwischen Wille und Motiv, dessen Lösung darin gefördert werden soll;

7.2 Die ‚armchair'-Konstruktion eines 16-gliedrigen Temperamente-Systems

Ebenso wie Kant knüpft auch Bahnsen an die klassische antike Temperamentenlehre an. Die vier Grundtypen des antiken Modells (s. Kap. 1) versucht er mittels
eines viergliedrigen Kategoriensystems (Spontaneität, Rezeptivität, Impressiona-
bilität, Reagibilität) näher zu bestimmen und weiter auszudifferenzieren, indem
für die genannten Kategorien graduelle Abstufungen angenommen werden
(stark vs. schwach, rasch vs. langsam, tief vs. flach, nachhaltig vs. flüchtig). Im Ergebnis dieser (obskuren) Operationen entstand eine ‚Tabelle', die 16 unterschiedliche ‚Typen' umfasste. Eine (vielleicht erhoffte) differentiell-diagnostische Bedeutung kam diesem Modell nicht zu. Indes kam Bahnsen durchaus das Verdienst zu,
den Begriff ‚Charakterologie' im deutschsprachigen Bereich etabliert zu haben.

		Spontaneität:	Receptivität:	Impressionabilität:	Reagibilität:	Temperament:
1.	I.	ſtarf	raſch	tief	nachhaltig	choleriſch a.
2.	I-III.	ſtarf	raſch	flach	nachhaltig	choleriſch b.
3.	I-II.	ſtarf	raſch	tief	flüchtig	choleriſch c.
4.	II.	ſtark	raſch	flach	flüchtig	ſanguiniſch a.
5.	II-I.	ſchwach	raſch	flach	flüchtig	ſanguiniſch b.
6.	II-III.	ſtark	langſam	flach	flüchtig	ſanguiniſch c.
7.	III.	ſtark	langſam	flach	nachhaltig	phlegmatiſch a.
8.	III-IV.	ſchwach	langſam	flach	nachhaltig	phlegmatiſch b
9.	III-I.	ſtark	langſam	tief	nachhaltig	phlegmatiſch c
10.	IV.	ſchwach	raſch	tief	nachhaltig	anämatiſch a.
11.	IV-I.	ſchwach	raſch	tief	flüchtig	anämatiſch b.
12.	IV-III.	ſchwach	langſam	tief	nachhaltig	anämatiſch c.
13.	I-IV *)	ſchwach	raſch	flach	nachhaltig	choleriſch d.
14.	II-IV.	ſchwach	langſam	flach	flüchtig	ſanguiniſch d.
15.	III-II.	ſtark	langſam	tief	flüchtig	phlegmatiſch d.
16.	IV-II.	ſchwach	langſam	tief	flüchtig	anämatiſch d.

In dieser Tabelle sind bei Aufstellung der zwischen jenen Factoren möglichen Combinationen überall diejenigen Merkmale sichtbar ausgezeichnet, welche je in erster oder zweiter Linie das Charakteristische und für den danebenstehenden Temperamentsnamen Entscheidende hergeben, und während unter diesen den reinsten Klassentypus ein beigesetztes a kennzeichnet, sollen b-c-d je das Maß des Abstandes von demselben ausdrücken.*) Demgemäß war vorkommendenfalls zu entscheiden, auf welche Seite sozusagen bei Gleichheit der Stimmen die gewichtigern fallen, und ob c oder b gewählt wurde, konnte ebenso nur davon abhängen, ob die ausfallenden Merkmale mehr oder weniger charakteristisch sind; beziehungsweise davon, wie wenig oder wie viel dieselben durch die Eigenthümlichkeit der an ihre Stelle tretenden compensirt werden. Sofern, wo d indicirt ist, allemal eine Grenzstufe vorhanden sein muß, ist es freilich auch denkbar, daß die Entscheidung schwankend bleibt, weshalb die mit d bezeichneten in abgesonderter Gruppe am Ende zusammengestellt worden sind.

Graphologie als psychodiagnostisches Instrument (Klages, L., 1910) 8

Ende des 19./Anfang des 20. Jahrhunderts fand eine (im Vergleich zu Lavater) neuartige ‚Spiegel'-Metapher weite Verbreitung: die Herleitung von ‚Typen'-Bestimmungen bzw. Charakterbeschreibungen aus der Deutung der Handschrift. Vereinzelte, eher episodische Deutungen von Handschriften gab es bereits in der ersten Hälfte des 17. Jahrhunderts. 1875 begründete dann der französische Abbé J.-H. Michon eine systematische Graphologie mit wissenschaftlichem Anspruch. In Deutschland entstand 1896 die ‚Deutsche Graphologische Gesellschaft', die von 1897 – 1908 ‚Graphologische Hefte' herausgab. Wichtigster Begründer und Herausgeber war Ludwig Klages (1872 – 1956). Er war ursprünglich Chemiker, dann als Philosoph Privatgelehrter, der eine Bindung an akademische Institutionen ablehnte. 1910 erschien sein Buch ‚Die Probleme der Graphologie', seine erste zusammenfassende Darstellung dieses Gebietes. Der Untertitel ‚Entwurf einer Psychodiagnostik' lässt die einzelwissenschaftlichen Intentionen erkennen. Im Vorwort erklärt er, es gehe um „eine Fundamentierung der Wissenschaft vom Ausdruck, als dessen zurzeit für die Forschung freilich wichtigste Zone wir die Tätigkeit des Schreibens erachten" (Klages, L., 1910, S. III). Philosophisch vertrat Klages anti-intellektualistisch-metaphysische Positionen, die sich auch in hinreichend negativen Stellungnahmen zur seinerzeit aufstrebenden experimentell-naturwissenschaftlich orientierten Psychologie niederschlugen. Kategorisch forderte er in seinem philosophischen Hauptwerk ‚Der Geist als Widersacher der Seele': „Man sollte aufhören, von Psychologie zu sprechen, wofern man es sich verbietet, Metaphysiker zu sein" (Klages, L., 1929 – 1931).

Im Folgenden sollen einige Proben von ‚graphologischen Deduktionen' dokumentiert werden. Aus der Vielzahl von Deduktionsmodi greifen wir exemplarisch zwei heraus:

1. Ex-post-Deutungen von Handschriften verstorbener Personen (Abb. 113 und 114)
2. Schlüsse von singulären Merkmalen der Handschrift auf singuläre Charaktereigenschaften des Schreibers (Abb. 132 – 137).

Klages räumt allerdings ein, dass beim Vorlegen von gleichen Schriftproben an verschiedene Graphologen nicht notwendigerweise einheitliche Interpretationen zu erwarten sind. Im Vorwort zu den ‚Graphologischen Problemen' schreibt er: „… Mit Bezug auf die ‚Handschriftenkunde' [heben wir] ausdrücklich hervor, daß es […] noch keine Formel gibt, die der Verwertung graphologischer Einsichten zum Behuf einer Konstruktion der Persönlichkeit in Begriffen den Charakter der Allgemeinverbindlichkeit verliehe" (Klages, L., 1910, S. VIII).

Sieben Jahre nach dem Erscheinen der ‚Probleme der Graphologie' folgte mit der Monographie ‚ Handschrift und Charakter' (1917) ein Buch, das geradezu zu einem Bestseller avancierte: Im Verlaufe von 51 Jahren kamen 26 Auflagen heraus (letzte Auflage 1968!). Der Untertitel ‚Technik der Handschriftendeutung' deutet auf praktische Anwendungsintentionen hin. In der Tat fand die Graphologie bis in die 50er Jahre des 20. Jahrhunderts hinein ein breites Anwendungsfeld (Bewerbungen in der Wirtschaft, forensische Gutachten usw.). Mit dem Erstarken einer wissenschaftlichen Psychodiagnostik und der Prüfung von Verfahren mittels diagnostischer Gütekriterien verlor die Graphologie an Einfluss. Es stellte sich heraus, dass graphologische Persönlichkeitsgutachten nur unzureichend den Ansprüchen einer modernen Testdiagnostik gerecht wurden. Im Standard-Fachwörterbuch der Psychologie, dem sog. Dorsch, heißt es beispielsweise, dass „Persönlichkeitsbeschreibungen in graphologischen Gutachten so vage und allgemein formuliert [seien], dass sie immer zu ‚passen' scheinen" (Dorsch, F., 2009, 15. Aufl., S. 397). Hinzu kommt, dass die persönliche Handschrift als Kommunikationsmittel in der Gegenwart allenfalls nur rudimentäre Bedeutung hat.

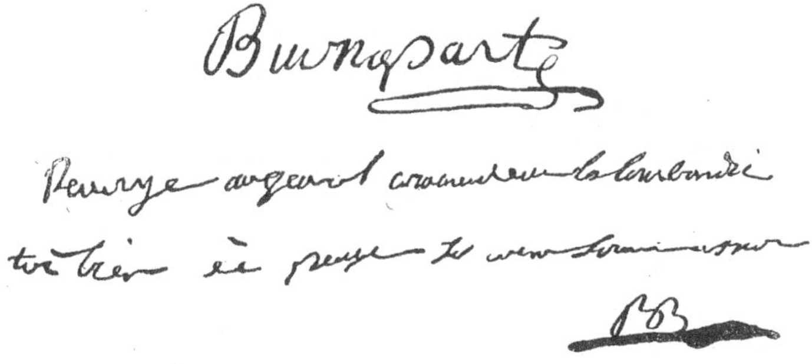

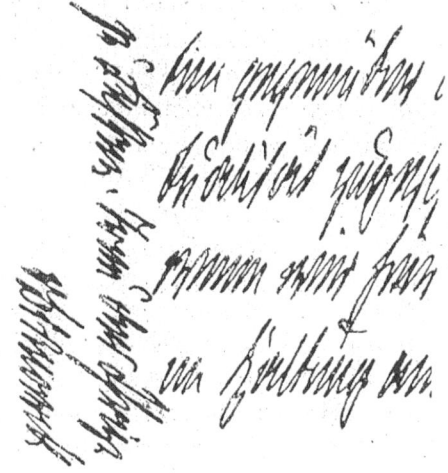

Fig. 113. Affektiver Typus. (Napoleon.)

Fig. 114. Willenstypus. (Bismarck.)

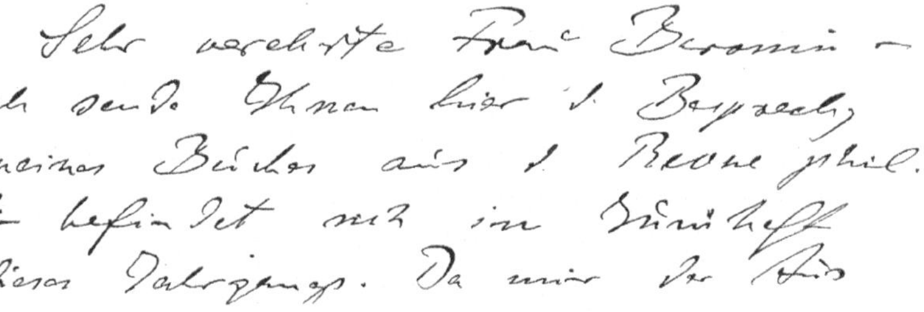

Fig. 132. Weite Zwischenräume: Verwaltend kritische Intelligenz.

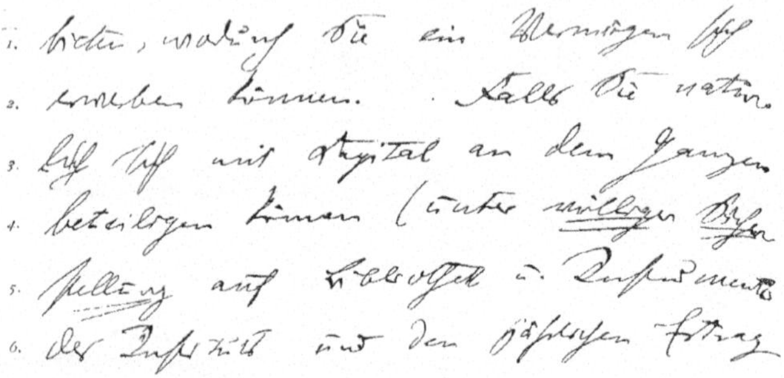

Fig. 133. Weite Zwischenräume: *Leidenschaftlicher Erkenntnistrieb.*

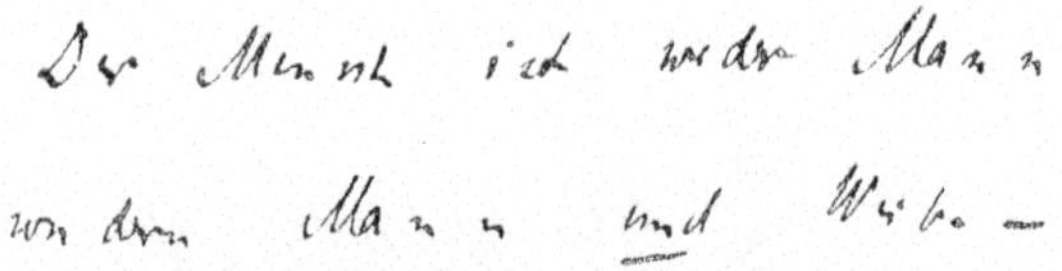

Fig. 134. Weite Zwischenräume bei zerteilten Wörtern: *Prätention auf Geistesklarheit.*

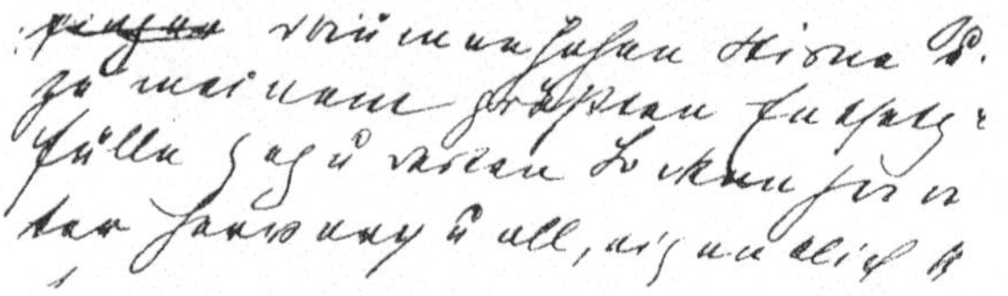

Fig. 136. Unabgewogene Zwischenräume: *Vorwalten der Phantasietätigkeit.*

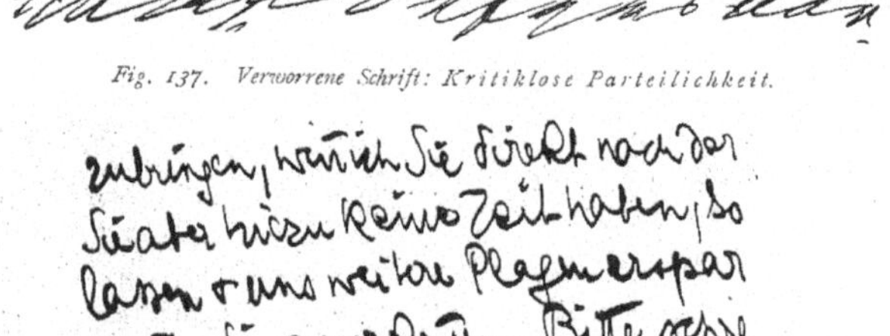

Fig. 137. Verworrene Schrift: *Kritiklose Parteilichkeit.*

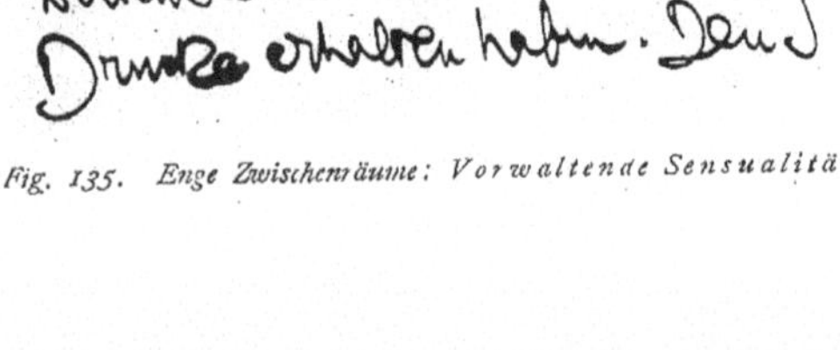

Fig. 135. Enge Zwischenräume: *Vorwaltende Sensualität.*

Von der Konstitutionsbiologie zur Charakterologie (Kretschmer, E. (1967 [1921]))   9

9.1 Von der biologischen Konstitution zur persönlichkeitstypologischen Analyse

Die Monographie ‚Körperbau und Charakter' (1921, 25. Aufl. 1967) des Psychiaters Ernst Kretschmer (1888 – 1964) ist ein klassischer Versuch, eine statistisch gesicherte Affinität zwischen biologischer Konstitution (‚Körperbau') und spezifischen Persönlichkeitszügen (‚Charakter') nachzuweisen. Allerdings wehrt sich Kretschmer explizit gegen ein Missverständnis, nämlich, dass von Körperformen her direkte, naiv-mechanische differentiell-psychologische Ableitungen möglich seien: „Das schlimmste bei der ganzen Einteilung [in älteren konstitutionsbiologischen Publikationen, G. E.] ist, dass [...] ein naiver Zusammenhang zwischen körperlichen und psychischen Eigenschaften unterlegt wird, der in seiner Einfachheit den psychiatrisch geschulten Arzt befremdlich anmutet" (Kretschmer, E., 1917, 11). Nach Kretschmer führt der Weg vom biologischen Status zur differentiell-psychologischen Aussage über psychiatrische Studien. Bei der Untersuchung einer hinreichend großen Anzahl von psychotischen Patienten stellte er einen statistisch signifikanten Zusammenhang zwischen einer bestimmten Körperbauform und einer bestimmten psychiatrischen Krankheit fest (Leptosome → Schizophrenie, Pykniker → Manisch-Depressive, Athletiker → Epilepsie). Ferner glaubte er, bei jeder der drei Gruppen psychotisch Erkrankter jeweils spezifische „psychologische Grundsymptome" (a. a. O., 96) beobachtet zu haben.

In weiterführenden Studien bearbeitete er das ‚Zwischenglied' zwischen ‚krank' und ‚gesund', die sog. ‚präpsychotischen Persönlichkeiten'. Bei ihnen erhielt er ähnliche bzw. die gleichen Befunde wie bei den Psychotikern, und ihre ‚Temperamente' nannte er ‚schizoid' bzw. ‚zykloid' bzw. ‚viscös'.

Letztendlich schlussfolgerte Kretschmer dann weiter von den „zwischen krank und gesund fluktuierenden Persönlichkeiten" (a.a.O., 96) auf die Verhältnisse bei den sog. ‚Durchschnittsmenschen' bzw. ‚Gesunden'. Der Berechtigung dieser Schlussfolgerung liegt die Annahme zugrunde, dass zwischen ‚krank' und ‚gesund' lediglich ein gradueller, aber kein qualitativer Unterschied bestehe. Demzufolge ist der gesunde Leptosome ‚schizo*thym*' und der gesunde Pykniker ‚*cyclothym*'. (Für den gesunden Athletiker wird in der 1. Auflage noch keine Bezeichnung genannt.)

Cum grano salis könnte man also sagen, dass die gesunden Persönlichkeiten eine *entpathologisierte* Form psychiatrischer Charaktermuster aufweisen.

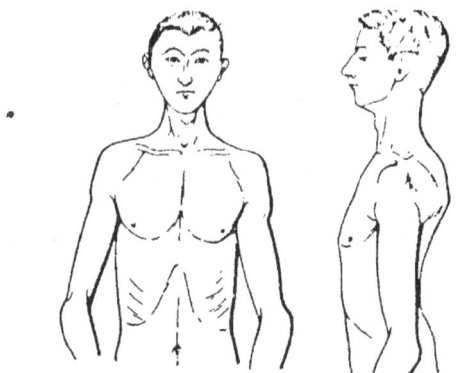

a Leptosomer (asthenischer) Typ (schematisch)

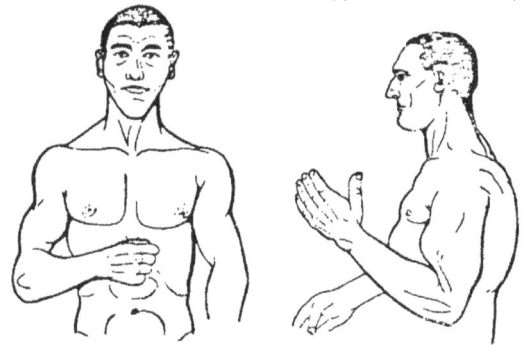

b Athletischer Typ (schematisch)

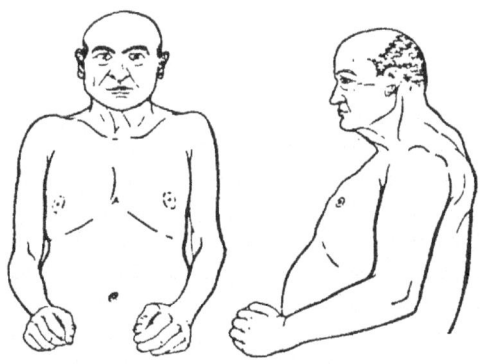

c Pyknischer Typ (schematisch)

	Cyclothymiker	Schizothymiker	Viscöse
Psychästhesie und Stimmung	*diathetische Proportion:* zwischen gehoben (heiter) und depressiv (traurig)	*psychästhetische Proportion:* zwischen hyperästhetisch (empfindlich) und anästhetisch (kühl)	zwischen explosiv und phlegmatisch
Psychisches Tempo	*schwingende Temperamentskurve:* zwischen beweglich und behäbig	*springende Temperamentskurve:* zwischen sprunghaft und zäh, *alternative* Denk- und Fühlweise	zähe Temperamentskurve
Psychomotilität	reizadäquat, rund, natürlich, weich	öfters reizinadäquat, gespannt, verhalten, lahm, gesperrt, steif usw.	reizadäquat, langsam, gemessen, schwerfällig, wuchtig
Affiner Körperbautypus	pyknisch	leptosom	athletisch

9.2   Exemplarische Typbezeichnung

Zur exemplarischen Illustration der Beobachtungen und Beschreibungen Kretschmers sollen Auszüge aus dem Kapitel ‚Die cycloiden Temperamente' wiedergegeben werden.

Die cycloiden Temperamente

Wir bezeichnen als schizoid und cycloid die zwischen krank und gesund fluktuierenden abnormen Persönlichkeiten, die die psychologischen Grundsymptome der schizophrenen und der zirkulären Psychosen in dem leichteren Grade einer Persönlichkeitsspielart widerspiegeln; solche schizoiden bzw. cycloiden Typen finden wir zunächst vielfach als präpsychotische Persönlichkeit der Geisteskranken selbst, sodann unter ihren nächsten Blutsverwandten. Diese beiden Gruppen von Menschen geben uns die sichere Grundlage für unsere Zeichnung. Haben wir sie gefunden, so sind wir endlich auch berechtigt, solche abnorme Individuen als schizoid bzw. cycloid zu bezeichnen, die in ihrem körperlichen und psychischen Habitus jenen ersten analog gebaut sind, ohne selbst die entsprechende Psychose in ihrem nächsten Umkreis zu haben.

Dabei ergaben sich für die manisch-depressiven Patienten folgende Temperamentsmerkmale als die häufigsten und immer wiederkehrenden:

1. gesellig, gutherzig, freundlich, gemütlich;
2. heiter, humoristisch, lebhaft, hitzig;
3. still, ruhig, schwernehmend, weich.

Wir haben die Eigenschaften übersichtshalber gleich in 3 Gruppen gegliedert:
Die erste umfaßt gewissermaßen die Grundmerkmale der cycloiden Temperamentstypen, die Eigenschaften, die, ziemlich unabhängig von Stimmungsfarbe und psychischem Tempo, vom hypomanischen bis zum depressiven Pol
allenthalben wiederkehren und die der Heiterkeit wie der Schwerblütigkeit
eben erst die Tönung geben, die sie gerade für cycloide Menschen bezeich-
nend macht. Die Menschen im Umkreis des manisch-depressiven Irreseins
sind vorwiegend gesellige, gutmütige Menschen, Leute, mit denen man aus-
kommen kann, die Spaß verstehen, die das Leben nehmen, wie es ist. Sie
geben sich natürlich und offen, man ist bald Freund mit ihnen; sie haben
häufig etwas Weiches und Warmes in ihrem Temperament. Dies entspricht
ganz den Beobachtungen, die wir auch an den kranken Zirkulären machen;
es ist bekannt, daß auch erregte Manische im Durchschnitt etwas Kindlich-
Gutherziges, Zutrauliches, Lenksames haben, sie machen mehr Unfug als
brüske Gewalttat, sie tun selten jemand ernsthaft etwas zuleide; sie brausen
heftig auf, sind aber gleich wieder gut; man kann ihnen selten etwas übelnehmen. Und auch die reinen, typischen zirkulär Depressiven haben in ihrer
Stimmung etwas Weiches. Wo nicht durch hohe Grade von Hemmung der
seelische Ablauf sehr erschwert ist, da hat man meist gemütliche Fühlung mit
ihnen, man kann ihnen durch alle Verzweiflung hindurch gelegentlich etwas
Freundliches sagen, sie haben ein Bedürfnis nach Zuspruch und bei weichen-
der Hemmung auch nach Aussprache; sie sind, wenn es der Heilung zugeht,
bescheiden, freundlich und dankbar. Patienten, bei denen die Hemmung überwiegt, klagen gerade oft besonders stark über den Mangel an warmem, ge-
mütlichem Gefühl für Menschen und Dinge, ein Zeichen, wie ihnen gerade
dieses Gefühl Lebenselement ist; und trotz dieser subjektiven Hemmungs-
empfindung wirken sie, objektiv neben einem Schizophrenen gesehen, immer
noch umgänglich und gemütswarm.
Neben den ausgesprochen geselligen Naturen finden wir unter den Cycloiden,
besonders mehr depressiver Färbung, auch öfters umgängliche Einspänner, Leute, die etwas schwerfällig sind, gerne still und beschaulich vor sich hinleben. Sie
unterscheiden sich von den entsprechenden Schizoiden dadurch, daß keine innere Antipathie oder gar feindselige Ablehnung gegen menschlichen Verkehr bei
ihnen besteht, sondern höchstens eine gewisse Schwerblütigkeit, zuweilen auch
Ängstlichkeit und Neigung zu Insuffizienzgefühlen. Sucht man ihren Verkehr, so

sind sie freundlich, natürlich und zugänglich, sie haben auch von sich aus meist eine stille Weinstube oder einen kleineren gemütlichen Familien- und Freundeskreis, wo sie sachte und behaglich verkehren. [...]
Also: diese Art Menschen haben ein sehr weiches, tief schwingungsfähiges Temperament. Seine Schwingungsebene ist eine ausgeprägte, nämlich zwischen heiter und traurig. Es schwingt auch nach der heiteren Seite, nur nicht so oft und so stark, dagegen sehr nachhaltig nach der traurigen. Hingegen ist bei den ganz typischen Fällen eine andere Schwingungsebene recht wenig gebahnt, nämlich die nach der Seite der nervösen Gereiztheit hin; denn auch auf Gemütswirkungen, die in dieser Richtung liegen, reagieren sie nicht vorwiegend so, sondern mit ihrem typischen, präformierten Symptomenkomplex : Traurigkeit mit Hemmungsgefühl. [...]
Wir dürfen also cycloide Menschen, auch abgesehen von den Mittellagen, nicht einfach als hypomanisch oder einfach als depressiv bezeichnen. Denn in vielen Hypomanischen steckt eine kleine depressive Komponente und in den meisten cycloid Schwerblütigen ein Einschlag von Humor. Die hypomanische und die schwerblütige Hälfte des cycloiden Temperaments lösen sich ab, staffeln oder überschichten sich im Einzelfall in den verschiedensten Mischungsverhältnissen. Dieses Verhältnis, in dem in der cycloiden Einzelpersönlichkeit hypomanische und schwerblütige Bestandteile zusammenkommen, bezeichnen wir als ihre diathetische oder Stimmungsproportion. [...]
Die meisten Cycloiden haben ein besonders gut ansprechbares Gemütsleben, das von dem sanguinischen Quecksilbertemperament der Hypomanischen bis zu der tiefen und warmherzigen Empfindung der mehr schwerblütigen Naturen in allen Übergängen sich schattiert. Das Temperament der Cycloiden schwingt in tiefen, weichen und abgerundeten Wellenschlägen, nur rascher und flüchtiger bei den einen, voller und nachhaltiger bei den anderen zwischen Heiterkeit und Betrübnis. Nur die Mittellage dieser Schwingungen liegt bei den einen mehr nach dem hypomanischen, bei den anderen mehr nach dem depressiven Pol zu. Cycloide Menschen haben Gemüt. Das Wort „Gemüt", besser vielleicht noch „Gemütlichkeit", bringt noch am ehesten das auf einen Ausdruck, was der Mehrzahl aller dieser Naturen durch die verschiedenen habituellen Stimmungslagen hindurch gemeinsam ist: das weiche, warme, gutherzige, menschenfreundliche, in Freud und Leid natürlich schwingungsfähige Temperament. Das Wort Humor ist dem nahe verwandt. Wir finden den Humor besonders gern in den Mittellagen cycloider Temperamente, dort, wo die Fähigkeit zum Lachen von der hypomanischen und die Gemütstiefe von der depressiven Seite her in der richtigen Mischung zusammenkommt.

9.3   Berufung auf Vorläufer

Im Übrigen ist aus der Sicht des Psychologiehistorikers interessant, dass Kretschmer bei der Diskussion über die biologischen Voraussetzungen der ‚Temperamente' auf Anschauungen rekurriert, die wir bereits bei Hippokrates kennen gelernt
haben: die humoralphysiologische Deutungsebene.

Die Temperamente

Sie sind, wie wir empirisch sicher wissen, blutchemisch, humoral mitbedingt.
Ihr körperlicher Repräsentant ist der Gehirn-Drüsenappart. Die Temperamente sind derjenige Teil des Psychischen, der, mit auf humoralem Weg, mit
dem Körperbau in Korrelation steht. Die Temperamente greifen, Gefühls-
töne gebend, hemmend und antreibend in das Triebwerk der „seelischen Ap-
parate" ein. Die Temperamente haben, soweit sich bisher empirisch übersehen
läßt, offenbar Einfluß auf folgende seelische Qualitäten: 1. auf die Psychästhesie,
die Überempfindlichkeit oder Unempfindlichkeit gegen seelische Reize; 2. auf die
Stimmungsfarbe, die Lust- oder Unlusttönung der seelischen Inhalte, vor allem
auf der Skala heiter und traurig; 3. auf das psychische Tempo, die Beschleunigung
oder Hemmung der seelischen Abläufe im allgemeinen, wie auf ihren speziellen
Rhythmus (zäh festhaltend, plötzlich abspringend, Sperrung, Komplexbildung) ;
4. auf die Psychomotilität, und zwar sowohl auf das allgemeine Bewegungstem-
po (beweglich oder behäbig), als auch auf den speziellen Bewegungscharakter
(lahm, steif, hastig, stramm, weich, rund usw.).

9.4   Generelle Bemerkungen zum Ansatz Kretschmers

Die Berechtigung der weitgehenden persönlichkeitstypologischen Thesen Kretschmers wurde schon zu dessen Lebzeiten kritisch hinterfragt. Zum einen wurde *generell* bezweifelt, dass die Bezugnahme auf *einen* Indikator (Körperbau) ausrei-
chend ist, um eine „Totaltypologie" (Amelang & Bartussek, 2001, 305), d. h. die
Persönlichkeitsstruktur in ihrer Gesamtheit betreffende Aussagen, zu bestimmen
(Biologismus-Vorwurf). Zum anderen wurden *methodische* Schwächen benannt.
Beispielsweise werden die altersmäßigen Veränderungen des Anteils der psychiatrischen Krankheitsformen an der Gesamtpopulation der Patienten sowie die altersmäßigen Veränderungen der Körperbau-Typen nicht berücksichtigt. Asendorpf &

Neyer (2012, 133) sprechen in diesem Zusammenhang von „Scheinkorrelationen"
zwischen Körperbau und Charakter und von methodischer „Naivität".

Quellen zur Begründung und Entwicklung einer wissenschaftlichen Persönlichkeits- und Differentiellen Psychologie

Die Begründung der Differentiellen Psychologie als Teildisziplin einer wissenschaftlichen Psychologie (Stern, W., 1911) 10

William Stern (1871 – 1938) war einer der zentralen produktiven Wissenschaftler in der Frühgeschichte einer wissenschaftlichen Psychologie in Deutschland. Neben substantiellen Beiträgen zur Entwicklungspsychologie, zur Intelligenzforschung, zur forensischen Psychologie und zu philosophisch-anthropologischen Grundfragen der Psychologie ('Person und Sache', 3 Bände, 1906 – 1924) gilt er als *der* Schöpfer eines theoretisch und methodisch begründeten Systems der Differentiellen Psychologie. Bereits im Jahre 1900 publizierte er erste 'Ideen' zu dieser neuen Teildisziplin (Stern, W., 1900). Das eigentliche systematische Eröffnungswerk, in dem die gegenstandsbestimmenden, methodologisch-methodischen und terminologischen Grundlagen gegeben wurden, folgte 1911.

10.1 Das Verhältnis von Allgemeiner und Differentieller Psychologie

Die Notwendigkeit, ein grundlegendes Werk dieser Art zu schreiben, ergab sich für Stern aus der Sorge, dass die experimentelle Allgemeine Psychologie bei der bevorzugten Orientierung auf allgemeingültige Gesetze der psychophysischen Regulation menschlichen Verhaltens dazu tendiere, der Einmaligkeit der Persönlichkeit ('Individualität') nicht hinreichend gerecht zu werden. Nach Stern bestand die Folge der strengen Ausrichtung auf generalisierbare (immer und überall gültige) Aussagen darin, dass interindividuelle Unterschiede ('Varianzen') nicht genügend beachtet oder als nebensächliche Störfaktoren ausgeblendet wurden. Allerdings ging es Stern nicht darum, gegen die Allgemeine Psychologie zu Felde zu ziehen, sondern darum, sie durch eine *notwendige komplementäre* Sichtweise zu ergänzen. Diese Überlegungen sollen im ersten Teilabschnitt der Quellentexte zu Stern wiedergegeben werden: das Verhältnis von Allgemeiner und Differentieller Psychologie.

Fast alle Bestrebungen der wissenschaftlichen Psychologie hatten bis vor kurzem das Gemeinsame, daß sie das Problem *generell* faßten. Die Forschungen galten den letzten Elementen, aus denen sich alles psychische Leben aufbaut, den allgemeinen Gesetzen, nach denen sich die seelischen Vorgänge vollziehen. Man sah ab von der unendlichen Mannigfaltigkeit, in der sich seelisches Sein bei verschiedenen Persönlichkeiten, Völkern, Ständen, Geschlechtern, Typen usw. darstellt, um das Übereinstimmende herauszuarbeiten; man bezog seine Ergebnisse – bald mit Recht, bald mit Unrecht – auf das Seelenleben, nicht auf diese oder jene psychische Varietätenbildung.

Nun ist eine solche Abstraktion gerechtfertigt, solange sie aus einer Einsicht in die zeitweiligen Grenzen unseres Könnens hervorgeht; aber die Gefahr liegt nahe, daß man vergißt, eine Abstraktion vor sich zu haben und daß man glaubt, die generelle Behandlungsweise sei fähig, alle von der Psyche der Wissenschaft aufgegebenen Probleme zu lösen. Vielleicht hat die Psychologie längere Zeit in dieser Gefahr geschwebt; aber gegenwärtig darf sie als überwunden gelten. Stieß doch der Forscher allenthalben selbst gegen seinen Willen auf seelische Besonderheiten; und wenn diese zunächst für seine generalisierende Betrachtung lediglich eine Fehlerquelle waren, so ging es hier schließlich ähnlich wie in anderen Fällen der Wissenschaftsgeschichte: aus der Fehlerquelle wurde selber ein Problem. Man erkannte, daß die seelische Differenzierung das gleiche Anrecht auf psychologische Erforschung habe wie die ganz allgemeingültigen Tatsachen, und so entstanden aus der Seelenforschung selbst heraus differentiell-psychologische Fragestellungen und Ergebnisse. In den meisten Fällen handelte es sich freilich nur um Nebenprodukte eigentlich genereller Untersuchungen; die von vornherein auf das Problem der Differenzierung eingestellten Untersuchungen sind noch immer in der Minderzahl, und die bewußte Abgrenzung der differentiellen Psychologie von der generellen beginnt erst in unseren Tagen. [...]

Die differentielle Psychologie ist zunächst, gleich der generellen, eine auf Allgemeingültigkeiten gehende Wissenschaft, aber die Allgemeingültigkeiten, welche sie sucht, sind anderer Art. Erstens nämlich hat sie diejenigen *formalen* Gesetzmäßigkeiten zu erforschen, die in der *allgemeinen Tatsache des seelischen Variierens selber* stecken. Die Kategorie der psychischen Variabilität verlangt eine

genaue Untersuchung; es sind die Begriffe der Variationsbreite, des Variabili-
tätsindex, der Konvariation zu entwickeln; als Arten der Variationen sind Typen und Stufen zu scheiden; das Wesen, des Normalen, Über-, Unternormalen
und Abnormen ist festzustellen. Ähnliche allgemeine Orientierung verlangt der
Begriff der Korrelation, welcher den Zusammenhang mehrerer Variationsrei-
hen bedeutet, endlich die Frage nach der Struktur der Individualität. Sodann
erhält die Kausalfrage ihre besondere Formulierung: es muß gefragt werden,
wie an dem Zustandekommen der seelischen Verschiedenheiten innere Ursachen (Vererbung, Anlage) einerseits, äußere (Umwelt, Erziehung, Beispiel usw.)
andererseits beteiligt seien. Endlich führt die Untersuchung, inwiefern objektiv
wahrnehmbare Tatbestände als Kennzeichen seelischer Besonderheiten zu gelten haben, zur Begründung der differentiellen Symptomatologie. All dies sind
Probleme, die an rein wissenschaftlichem, zum Teil geradezu philosophischem
Gehalt denen der Allgemeinpsychologie durchaus ebenbürtig sind. Sodann aber
hat die differentielle Psychologie *inhaltliche* Gesetzmäßigkeiten von engerem
Umfange zu untersuchen, nämlich die wesentliche Beschaffenheit und reguläre
Funktion *bestimmter Varietäten*.

10.2 Individualität als ‚Asymptote der Gesetze suchenden Wissenschaft'

In einem zweiten Schritt skizziert Stern die methodologischen Folgerungen, die er
aus der Verhältnisbestimmung von Allgemeiner und Differentieller Psychologie
zieht. In diesem Zusammenhang geht es um die (scheinbare) Polarität von nomothetischer (auf Gesetzesaussagen orientierter) und idiographischer (das Einzelne
beschreibender) Wissenschaft. Nach seiner Meinung seien „die beiden Standpunk-
te nicht nur vereinbar, sondern sogar innerlich zusammengehörig und notwendig
aufeinander angewiesen" (Stern, W., 1911, 310).

Denn Individualität bedeutet stets Singularität. Jedes Individuum ist ein in iden-
tischer Form nirgends und niemals sonst vorhandenes Gebilde. An ihm betäti-
gen sich wohl gewisse Gesetzmäßigkeiten, in ihm verkörpern sich wohl gewisse
Typen, es ist in vielen Hinsichten mit anderen Individuen vergleichbar, aber es
geht nicht restlos auf in diesen Gesetzmäßigkeiten, Typen und Gleichungen, stets
bleibt ein Plus, durch welches es sich von anderen Individuen unterscheidet, die
den gleichen Gesetzen und Typen unterliegen. So ist die Individualität die Asymptote der Gesetze suchenden Wissenschaft. Wie hat sich die differentielle Psychologie zu diesem Tatbestande zu verhalten? Wenn es in der Tat, wie es manche

Wissenschaftstheoretiker wollen, alleinige Aufgabe der Wissenschaft ist, Allgemeingültiges zu finden, dann gibt es keine Psychologie der einzelnen Individualität. Nun wissen wir aber – dank der Arbeit, eines Windelband und Rickert -, dass dieser Versuch, gewisse der Naturwissenschaft entlehnte Betrachtungsweisen aller Wissenschaft überhaupt als Zwangsjacke anzulegen, zurückzuweisen ist. Den nomothetischen Fragestellungen stehen die „idiographischen" gleichberechtigt gegenüber, welche nicht auf das Allgemeine, sondern gerade auf das Besondere, das Historische gehen. Diese Scheidung deckt sich nicht vollständig mit derjenigen zwischen Natur- und Geisteswissenschaften; vielmehr gibt es in jeder Wissenschaft Fragestellungen nomothetischer und idiographischer Art, nur mit Überwiegen bald der einen, bald der anderen Seite. In der Wissenschaft vom Seelischen, die bisher viel zu einseitig nomothetisch war, ist nun die idiographische Betrachtung erst zu entwickeln; neben die eigentliche Psychologie muß die Psycho*graphie* treten: Darstellung, einzelner Individualitäten nach ihrer seelischen Seite hin. Durch diesen äußersten Ausläufer der differentiellen Seelenforschung wird zugleich der langersehnte Zusammenhang mit den historischen Disziplinen herbeigeführt. Denn so oft auch betont worden ist, daß alle Geisteswissenschaften, wie es schon in ihrem Namen liege, die Psychologie als Hilfswissenschaft verwerten müßten, so war doch diese Forderung nicht ernsthaft zu verwirklichen, solange die moderne Psychologie in ihrer Betrachtungsweise und ihren Problemstellungen fast ausschließlich nach den Naturwissenschaften hin gravitierte. Nicht allgemeine Gesetze des seelischen Lebens, sondern individuelle Verhaltungsweisen, Charaktere, Persönlichkeiten, Entwicklungsgänge will der Historiker verstehen; er will wissen, wie eine bestimmte Begabung mit der Art des geistigen Arbeitens, der Lebensauffassung, dem Temperament, zusammenkommen mußte, daß gerade eine so und so geartete künstlerische Individualität entstehen konnte; er untersucht, wie innere Disposition und Umweltverhältnisse sich vereinten, um die Erscheinung dieses politischen oder jenes religiösen Heros zustande zu bringen; – und zu allen diesen Fragen hatte ihm die allgemeine Psychologie so wenig zu sagen, daß er meist auf ihre Hilfe verzichtete. Und doch ist die wissenschaftliche Seelenkunde berufen, ihm viel zu geben, indem sie ein System und eine Methodik der *Psychographie* schafft. Das System hat in möglichster Vollständigkeit die Gesichtspunkte zu enthalten, die für die Darstellung einer psychischen Individualität von Bedeutung sein können; die Methodik hat die eigentlich historisch-biographischen Verfahrungsweisen in die bisher noch fehlende Verknüpfung mit den differentiell- psychologischen Forschungsmethoden zu bringen.

Die Psychographie wird aber dann wieder rückwirkende Bedeutung für die anderen Probleme der differentiellen Psychologie haben; denn die Vergleichung möglichst vieler genau psychographierter Individuen liefert das beste Material für Variations-, Korrelations-, Typen- und andere Untersuchungen.

10.3 Methodensystem

Von der Vereinbarkeit von nomothetischem und idiographischem Ansatz ausgehend, entwickelt Stern – und damit kommen wir zu einem dritten Textauszug – ein praktisch handhabbares viergliedriges *Methodensystem*. Rückschauend würdigt K. Pawlik (1994, XV) dieses System und seine nachhaltige Wirksamkeit mit folgenden Worten: „Bis heute kann Sterns Systematik der Differentiellen Psychologie in der Unterscheidung zwischen Variations- und Korrelationsforschung und zwischen merkmal- und personenbezogenem Forschungsansatz [...] Gültigkeit beanspruchen. Seine methodologische Unterscheidung zwischen ‚Merkmal' und ‚Person' sollte fundierend für die Entwicklung der Methoden der Differentialpsychologie werden."

Das Rohmaterial der differentiellen Psychologie ist zunächst dasselbe wie dasjenige, mit dem es auch die generelle Psychologie zu tun hat: menschliche Individuen, deren jedes eine große Mannigfaltigkeit physischer und psychischer Bestandteile in sich enthält. Nennen wir diese Bestandteile mit einem möglichst weiten und farblosen Namen „Merkmale", so sind uns also *Individuen mit ihren Merkmalen* gegeben. Der nächste Schritt aber führt bereits die differentielle Psychologie auf eine andere Bahn, als die generelle. Die generelle Psychologie kann als ihr eigentliches Forschungsobjekt allein die zweite der genannten Kategorien, die Merkmale, ansehen. Denn die Individuen, wie sie in concreto existieren, sind für sie nicht vorhanden; sie ersetzt sie durch die Idee eines allgemeingültigen Individuums, dessen nähere Formulierung nun nicht mehr der empirischen Spezialwissenschaft, sondern der Philosophie obliegt.
Die differentielle Psychologie dagegen kann sich auf die eine Forschungsdimension der Merkmale nicht beschränken. Denn für sie ist das Individuum als empirische Einheit selbst Gegenstand der Untersuchung. Gewiss muss auch sie die letzte Frage nach dem Wesen der Individualität und die Ableitung ihrer einzelnen Bestimmungen aus diesem Wesen der Philosophie überlassen; dagegen darf sie der Untersuchung nicht aus dem Wege gehen, wie sich das Bild einer tatsächlich vorhandenen Individualität aus der Fülle ihrer Merkmale und wie sich die Struktur der Individualität aus den Beziehungen der Merkmale untereinander darstellen läßt. Somit erstreckt sich die Problematik unserer Wissenschaft nach *zwei Dimensionen*, und je nachdem jede dieser Dimensionen

isoliert oder mit der anderen in gewisser Verbindung auftritt, ergeben sich vier Hauptaufgaben. Ihre Darstellung mag ein einfacher Schematismus erleichtern, indem wir die beiden Forschungsdimensionen durch ein zweidimensionales Diagramm darstellen. Die Individuen seien durch nebeneinander stehende Linien, die in jedem Individuum enthaltenen Merkmale durch eine Reihe von Punkten auf ihnen dargestellt und zwar derart, daß sich die in gleicher Höhe liegenden Punkte der verschiedenen Individuen jeweilig auf das analoge Merkmal beziehen. Die Senkrechten, welche die Individuen repräsentieren, sollen stets durch große Buchstaben bezeichnet werden; die waagerechten Punktdistanzen, welche die Dimension der Merkmale darstellen, erhalten kleine Buchstaben.

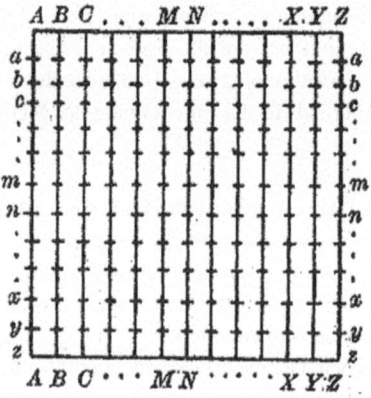

Aus diesem Schema greift nun die Forschung, je nach ihrer besonderen Aufgabe, gewisse Bestandteile heraus. Ein *horizontaler* Schnitt durch das Schema bedeutet: Ein einzelnes Merkmal (m) wird durch viele Individuen (A ... Z) hindurch geprüft und in seinen Variationen festgestellt: *„Variationslehre"* – Beispiele: Untersuchung der Gedächtnistypen, der Intelligenzgrade, der Temperamente, der Normalitätsgrenze für bestimmte Leistungen nach oben und nach unten.
Ein *senkrechter* Schnitt bedeutet: eine Individualität (M) wird in bezug auf viele ihrer Merkmale (a ... z) und auf den Zusammenhang ihrer Merkmale untereinander untersucht und in ihrer Besonderheit dargestellt: *„Psychographie"*. – Beispiele: Psychologische Analyse Goethes: Pathographie Rousseaus; Feststellung des psychischen Status eines Geisteskranken; Anlegung einer Personalliste für ein Schulkind. Zwischen diesen beiden Extremen gibt es aber Kombinationen beider Dimensionen; bei denen freilich stets eine Dimension die führende ist. Legt man *zwei oder mehrere Horizontalschnitte*, so heißt dies, daß man zwei

oder mehrere Merkmale (m und n) an vielen Individuen (A … Z) durchprüft, um festzustellen, ob das eine Merkmal mit dem anderen gleichsinnig, entgegengesetzt oder unabhängig variiert: „*Korrelationslehre*". -Beispiele: Erforschung der Zusammenhänge zwischen gewissen Begabungsformen zwischen zwei verschiedenen Intelligenztests, zwischen Temperaments- und Willenseigenschuften. Legt man *zwei oder mehrere senkrechte Schnitte*, so werden einige Individualitäten (M und N), deren jede in bezug auf viele Merkmale (a … z) geprüft ist, miteinander verglichen:

„*Komparationslehre*".- Beispiele: Familienforschung, Vergleichung von Schiller und Goethe. Wir erhalten also folgende Übersichtstabelle über die differentielle Psychologie als empirische Wissenschaft:

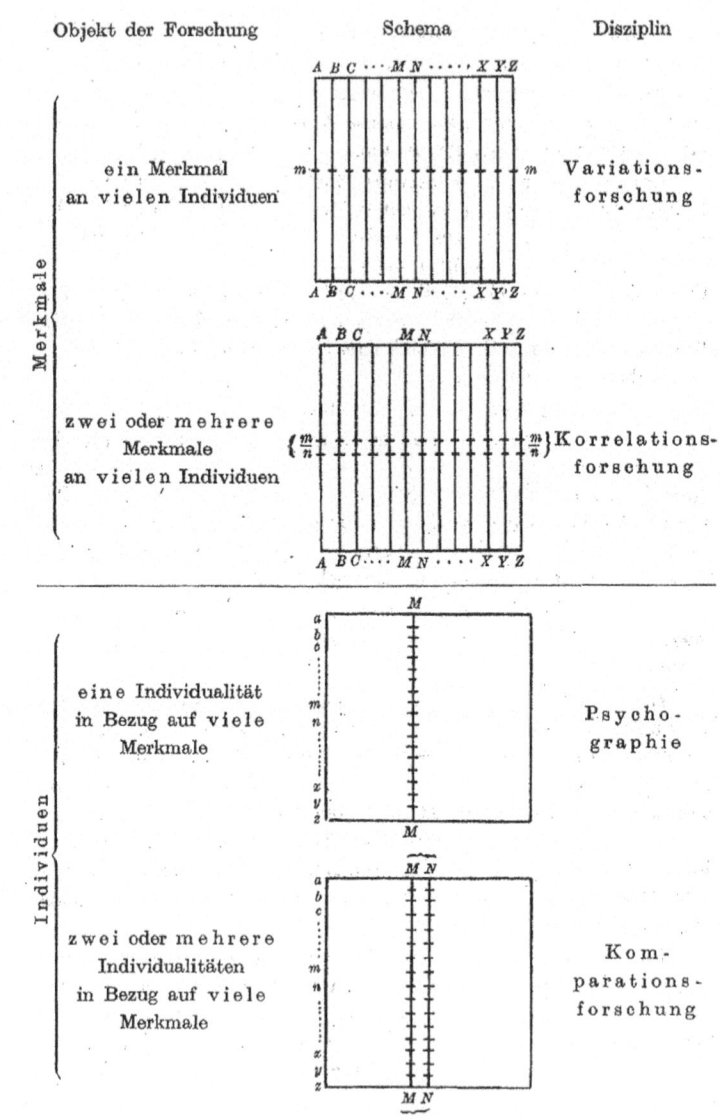

Die beiden ersten Problemstellungen stehen den nomothetischen Wissenschaften und damit auch der generellen Psychologie näher, die beiden letzten den idiographischen Wissenschaften und damit der historischen Betrachtungsweise.

Philosophische Fundierung der Persönlichkeitsforschung (Stern, W., 1918/19)

Es wäre etwas zu kurz gegriffen, wollte man Sterns Verdienste um die Persönlichkeits- und Differentielle Psychologie nur auf die Begründung eines nach Gegenstand und Methode tragfähigen Programms der *Differentiellen* Psychologie beschränken. Man muss bedenken, dass der heutzutage vielfach verwendete vereinheitlichende Doppelbegriff ‚Persönlichkeits- und Differentielle Psychologie' (z. B. in Lehrbüchern, Fachgruppen, Denominationen von Professorenstellen usw.) zu Sterns Zeiten nicht existierte (vgl. Schönpflug, W., 2000, 266). Nach Stern bedurfte die „menschliche Persönlichkeit" einer „philosophischen Theorie". Der philosophisch bestimmte Persönlichkeitsbegriff stehe außerhalb der Relation psychisch – physisch und unterliege „psychophysisch neutralen Zwecken" (Stern, W., 1919, S. IX). Die Persönlichkeit zeichne sich durch drei „Grundmerkmale" aus: ‚Vieleinheit', ‚Zweckwirken' und ‚Besonderheit'. Angesichts der von M. Amelang (2004, 40) kritisch formulierten Bilanz, nämlich, „dass sich die Persönlichkeitspsychologie während der zurückliegenden Jahrzehnte viel zu wenig und nur mit unzulänglichen Mitteln um Individualität gekümmert" habe (vgl. Kap. 27), soll im Schlussteil der folgenden Auszüge die Sternsche Beschreibung des Grundmerkmals ‚Besonderheit' (=Individualität) wiedergegeben werden.

> Eine philosophische Theorie der menschlichen Persönlichkeit wird durch eine dreifache Notwendigkeit gefordert. Sie hat ein Teilgebiet im *System* der philosophischen Weltanschauung zu bilden; sie stellt eine unentbehrliche Grundlage dar für alle Einzelwissenschaften, die sich mit dem Menschen beschäftigen, insbesondere die sogenannten Geisteswissenschaften; sie liefert Leitgesichtspunkte für die auf Menschenbehandlung gerichtete kulturelle Arbeit. [...]

Zunächst ein Wort über die Psychologie. Sie ist nicht etwa mit der Persönlichkeitslehre identisch, vielmehr ein Teilgebiet von ihr, und von deren philosophischer Begründung durchaus abhängig.

Denn der kritisch gefaßte Persönlichkeitsbegriff steht jenseits des Gegensatzes Psychisch-Physisch und ist deshalb ebenso anwendbar auf die Tatbestände des Bewußtseins, mit denen es die Psychologie zu tun hat, wie auf die körperlichen Lebensvorgänge, von denen die Physiologie handelt. Aber das eigentliche Kernstück der Persönlichkeitslehre hat es überhaupt nicht mit dieser Scheidung, sondern mit den psychophysisch neutralen Zwecken, Fähigkeiten und Taten der Person zu tun. Von diesen Kerngedanken aus muß daher erst die Psychologie ihre philosophische Ableitung, die Kategorien ihrer Erkenntnis und die Deutungen ihrer Ergebnisse erhalten. [...]

Daß der Mensch Persönlichkeit sei, ist nicht metaphysische Spekulation, auch nicht ein mehr oder weniger sicherer Glaube, sondern das Gewisseste, das es gibt; und es mußte die Wissenschaft vom Menschen erst einen merkwürdigen Grad von Wirklichkeitsfremdheit erreichen, um zu der Meinung zu kommen, sie könne jener Ungewißheit bei den Betrachtungen des Menschen entraten. Wie absonderlich ist in der Tat dieser Standpunkt, der weite Gebiete der Menschenforschung beherrscht! Hiernach wird jedes Individuum möglichst weitgehend analysiert, aufgelöst in seine körperlichen Teile und Funktionen, in seine seelischen Inhalte, Akte und Fähigkeiten, in seine sozialen und kulturellen Einzelleistungen; immer tiefer dringt man ein in die Kenntnisse der Elemente und Elementarvorgänge, in die Gesetzmäßigkeiten, welche die Beziehungen dieser Elemente beherrschen – aber der auf die Elemente geheftete Blick wurde blind für die Ganzheit des Individuums; man achtete so sehr auf das, was im und am Menschen war, daß der Mensch darüber vergessen wurde. Man kannte nur noch Aggregate psychophysischer Tatbestände, nicht mehr Personen. Überall wo der Mensch Gegenstand der Forschung war, machte sich diese unpersönliche Betrachtungsweise breit, in der Physiologie ebenso wie in der Psychologie, in der Ethik ebenso wie in der Geschichte und Soziologie – und wo sich selbst der instinktive Sinn der Forscher gegen diese Entpersönlichung des Menschen sträubte, da entbehrte er doch der philosophischen Grundlage, von der aus ein anderer Standpunkt gerechtfertigt werden konnte. Eine solche Grundlage soll in dem vorliegenden Buch gegeben werden. Es will die Lehre vom Menschen nicht gründen auf ein Schema des sezierten (d. h. in seine körperlichen und seelischen Elemente zerlegt gedachten) Menschen, sondern auf ein Bild der einheitlich ganzen lebensvollen Persönlichkeit, die in allen zahllosen Zweckbeziehungen zur Außenwelt ebenso ihre Einheit wahrt wie in der Erscheinungsfülle ihres inneren Erlebens. Erst von einem solchen Persönlichkeitsbilde aus werden dann jene „Sektionsbefunde", also die künstlichen Erzeugnisse der Analyse, die bisher im Vordergrunde des Interesses standen, Sinn und Bedeutung erhalten.

Das philosophische Rüstzeug dieser Persönlichkeitslehre ist der allgemeinen Weltanschauung des *kritischen Personalismus* entnommen. [...] Unter „Person" wird verstanden „*ein solches Existierendes, das trotz der Vielheit der Teile eine reale eigenartige und eigenwertige Einheit bildet und als solche, trotz der Vielheit der Teilfunktionen, eine einheitliche zielstrebige Selbsttätigkeit vollbringt.*" [...]

Die Grundmerkmale der Person: Vieleinheit, Zweckwirken, Besonderheit Nach obiger Definition sind in der Person die drei Denkkategorien Substantialität, Kausalität und Individualität untrennbar miteinander verbunden. Jede Person ist, als Ganzes, Substanz, d.h. etwas selbständig Existierendes; sie ist, als Ganzes, Kausalität, d.h. etwas von innen heraus Wirkendes; sie ist, als Ganzes, Individualität, d.h. etwas das nach Wesenheit und Bedeutung sich der Welt gegenüber absondert. [...]

Die Person ist *Besonderheit*. Ihre Ganzheit kann nur dadurch wirklich werden, daß sie sich in sich zusammenschließt und abgrenzt gegen die Welt und andere Personen. Jede Person ist „Individuum", so unzerlegbar („in-divisibile") im Innern, so scharf sich abhebend nach außen. Die Einheit des Bewußtseins auf psychischer Seite, die Einheit der organischen Gestaltung auf physischer Seite sind die beiden zusammengehörigen Erscheinungen dieses Individualisierungsprinzips. Aber über das bloße Sichabsondern hinaus ist die Person etwas Besonderes und als solche „Individualität", einmalig in ihrer Art. Trotz aller Übereinstimmung, durch welche Personen als Exemplare der Menschheit, Vertreter einer Rasse, Angehörige eines Geschlechts usw. sich gleichen, trotz aller weiteren und engeren Gesetzmäßigkeiten, die in allem persönlichen Geschehen walten, bleibt stets ein letztes Ureigenstes, wodurch jede Person jeder anderen als eine Welt für sich gegenübersteht.

Das Unbewusste als Urgrund der Persönlichkeit (Freud, S., 1923, 1938)

12

Die moderne Persönlichkeits- und Differentielle Psychologie versteht sich als eine kanonische Teildisziplin der Psychologie als einer empirischen Wissenschaft. Sie hat ein empiriegeleitetes Gegenstandsverständnis und weiß sich den methodischen Standards empirischer Forschung verpflichtet. Diese allgemeine Standortbestimmung zugrunde legend, ist dasjenige, was die klassische Psychoanalyse Freudscher Prägung zum Thema ‚Persönlichkeit' beizutragen hat, kritisch zu hinterfragen. Als prototypisches Beispiel für ein solches kritisches Hinterfragen zitieren wir aus der Einschätzung, die J. B. Asendorpf und F. J. Neyer in ihrem Lehrbuch ‚Psychologie der Persönlichkeit' (5. Aufl., 2012) geben: „Das klassische psychoanalytische Paradigma ist von seiner Methodik her inakzeptabel für die empirische Persönlichkeitspsychologie. Viele seiner Grundbegriffe erwiesen sich als zu unscharf, um in empirischen Untersuchungen sinnvoll verwendet werden zu können, und Teile der Theoriebildung, z. B. die Phasenlehre der Entwicklung, sind empirisch unhaltbar. […] Insgesamt ist das psychoanalytische Modell deshalb als Paradigma – also als Einheit von Konzepten, Annahmen und Methoden – unbrauchbar für die empirische Persönlichkeitspsychologie" (Asendorpf, J. B. & Neyer, F. J., 2012, 18).

Wir würden es uns allerdings etwas zu leicht machen, wollten wir aus dieser klaren Abgrenzung die Berechtigung ableiten, auf eine angemessene Darstellung psychoanalytischer Auffassungen zu verzichten bzw. diese Auffassungen zu ignorieren. Drei Gründe sprechen gegen eine Ausklammerung:

1. Freud hat in mehreren seiner Schriften konzeptionelle Vorstellungen entwickelt, die persönlichkeitspsychologische oder zumindest persönlichkeitspsychologisch relevante Fragen betreffen. Zum einen geht es ihm um die Struktur der Persönlichkeit, in Freudscher Terminologie um den ‚psychischen Apparat'

mit den ‚Instanzen' Es, Ich und Über-Ich, zum anderen werden die *dynami-schen* Prozesse, die sich in diesem ‚psychischen Apparat' abspielen, themati-siert: die ‚Qualitäten' Unbewusstes (ubw), Vorbewusstes (vbw) und Bewusstes (bw).

2. Bei Freud findet sich eine Reihe von persönlichkeitspsychologisch relevanten Begriffen, die nicht notwendigerweise eines psychoanalytischen theoretischen Überbaus bedürfen, sondern einen inhaltlich substantiellen Gegenstand empirischer Persönlichkeitsforschung bilden (können). Als Beispiele für solche Konzepte sind zu nennen: bei Freud: Abwehrmechanismus, Verdrängung, bei A. Adler: Kompensation, Überkompensation, Minderwertigkeitskomplex, bei C. G. Jung: Introversion, Extraversion (letzteres Begriffspaar z. B. von H. J. Eysenck aufgegriffen). Beispiele für empirische Untersuchungen zu psychoana-lytischen Konzepten: s. Amelang & Bartussek, 2006, 347 – 351; Asendorpf & Neyer, 2012, 15 – 17.

3. Für den psychoanalytisch orientierten und tätigen Therapeuten ist die Kenntnis der persönlichkeitspsychologischen Einbettung des Freudschen Therapiekon-zepts ein wesentliches Element seines Selbstverständnisses. Das Studium der einschlägigen historischen Quellen ermöglicht eine authentische Aufhellung des persönlichkeitspsychologischen Hintergrundes.

Freuds Perspektive auf die Behandlung persönlichkeitspsychologisch relevanter Fragen soll anhand von Textstellen zu drei Problemkreisen verständlich gemacht werden:

1. die Struktur des ‚Seelenlebens' als dreigliedriger ‚psychischer Apparat' (*Struk-turaspekt [12.1]*)
2. die ‚Qualitäten' psychischer ‚Vorgänge' (*Funktionsaspekt [12.2]*),
3. dynamische Beziehungen zwischen Strukturelementen (‚Apparat') und Funk-tionen (‚Qualitäten' [12.3]),
   a) die Relation Ich vs. Bewusstes/Unbewusstes (12.3.1)
   b) die Beziehung ‚Es', ‚Ich', ‚Über-Ich' vs. Funktionsbereich ‚Triebe' (12.3.2).

12.1   Strukturaspekt

Der psychische Apparat

Wir nehmen an, dass das Seelenleben die Funktion eines Apparates ist, dem wir räumliche Ausdehnung und Zusammensetzung aus mehreren Stücken zu-

schreiben, den wir uns also ähnlich vorstellen wie ein Fernrohr, ein Mikros-
kop u.dgl. Der konsequente Ausbau einer solchen Vorstellung ist ungeachtet
gewisser bereits versuchter Annäherung eine wissenschaftliche Neuheit. Zur
Kenntnis dieses psychischen Apparates sind wir durch das Studium der individuellen Entwicklung des menschlichen Wesens gekommen. Die älteste dieser
psychischen Provinzen oder Instanzen nennen wir das Es; sein Inhalt ist alles,
was ererbt, bei Geburt mitgebracht, konstitutionell festgelegt ist, vor allem also
die aus der Körperorganisation stammenden Triebe, die hier einen ersten uns in
seinen Formen unbekannten psychischen Ausdruck finden.

Unter dem Einfluss der uns umgebenden realen Aussenwelt hat ein Teil des Es
eine besondere Entwicklung erfahren. Ursprünglich als Rindenschicht mit den
Organen zur Reizaufnahme und den Einrichtungen zum Reizschutz ausgestattet,
hat sich eine besondere Organisation hergestellt, die von nun an zwischen Es
und Aussenwelt vermittelt. Diesem Bezirk unseres Seelenlebens lassen wir den
Namen des Ichs.

Die hauptsächlichen Charaktere des Ichs. Infolge der vorgebildeten Beziehung
zwischen Sinneswahrnehmung und Muskelaktion hat das Ich die Verfügung
über die willkürlichen Bewegungen. Es hat die Aufgabe der Selbstbehauptung,
erfüllt sie, indem es nach aussen die Reize kennen lernt, Erfahrungen über sie
aufspeichert (im Gedächtnis), überstarke Reize vermeidet (durch Flucht), mäs-
sigen Reizen begegnet (durch Anpassung) und endlich lernt, die Aussenwelt in
zweckmässiger Weise zu seinem Vorteil zu verändern (Aktivität); nach innen
gegen das Es, indem es die Herrschaft über die Triebansprüche gewinnt, ent-
scheidet, ob sie zur Befriedigung zugelassen werden sollen, diese Befriedigung
auf die in der Aussenwelt günstigen Zeiten und Umstände verschiebt oder ihre
Erregungen überhaupt unterdrückt. In seiner Tätigkeit wird es durch die Be-
achtungen der in ihm vorhandenen oder in dasselbe eingetragenen Reizspannun-
gen geleitet. Deren Erhöhung wird allgemein als Unlust, deren Herabsetzung als
Lust empfunden. Wahrscheinlich sind es aber nicht die absoluten Höhen dieser
Reizspannung, sondern etwas im Rhythmus ihrer Veränderung, was als Lust und
Unlust empfunden wird. Das Ich strebt nach Lust, will der *Unlust* ausweichen.
Eine erwartete, vorausgesehene Unluststeigerung wird mit dem *Angstsignal*
beantwortet, ihr Anlass, ob er von aussen oder innen droht, heisst eine *Gefahr.*
Von Zeit zu Zeit löst das Ich seine Verbindung mit der Aussenwelt und zieht sich
in den Schlafzustand zurück, in dem es seine Organisation weitgehend verändert. Aus dem Schlafzustand ist zu schliessen, dass diese Organisation in einer
besonderen Verteilung der seelischen Energie besteht.

Als Niederschlag der langen Kindheitsperiode, während der der werdende
Mensch in Abhängigkeit von seinen Eltern lebt, bildet sich in seinem Ich eine

besondere Instanz heraus, in der sich dieser elterliche Einfluss fortsetzt. Sie hat den Namen des Überichs erhalten. Insoweit dieses Überich sich vom Ich sondert oder sich ihm entgegenstellt, ist es eine dritte Macht, der das Ich Rechnung tragen muss. Eine Handlung des Ichs ist dann korrekt, wenn sie gleichzeitig den Anforderungen des Es, des Überichs und der Realität genügt, also deren Ansprüche miteinander zu versöhnen weiss. Die Einzelheiten der Beziehung zwischen Ich und Überich werden durchwegs aus der Zurückführung auf das Verhältnis des Kindes zu seinen Eltern verständlich. Im Elterneinfluss wirkt natürlich nicht nur das persönliche Wesen der Eltern, sondern auch der durch sie fortgepflanzte Einfluss von Familien-, Rassen- und Volkstradition sowie die von ihnen vertretenen Anforderungen des jeweiligen sozialen Milieus. Ebenso nimmt das Überich im Laufe der individuellen Entwicklung Beiträge von Seiten späterer Fortsetzer und Ersatzpersonen der Eltern auf, wie Erzieher, öffentlicher Vorbilder, in der Gesellschaft verehrter Ideale. Man sieht, dass Es und Überich bei all ihrer fundamentalen Verschiedenheit die eine Übereinstimmung zeigen, dass sie die Einflüsse der Vergangenheit repräsentieren, das Es den der ererbten, das Überich im wesentlichen den der von Anderen übernommenen, während das Ich hauptsächlich durch das selbst Erlebte, also Akzidentelle und Aktuelle bestimmt wird.

12.2   Funktionsaspekt

Die ‚Qualitäten' psychischer Vorgänge

Das allgemeine Ungenügen an der gebräuchlichen Auffassung des Psychischen hat zur Folge gehabt, dass ein Begriff des Unbewussten immer dringlicher Aufnahme ins psychologische Denken verlangte, obwohl in so unbestimmter und unfassbarer Weise, dass er keinen Einfluss auf die Wissenschaft gewinnen konnte. Nun scheint es sich in dieser Differenz zwischen der Psychoanalyse und der Philosophie nur um eine gleichgültige Frage der Definition zu handeln, ob man den Namen des Psychischen der einen oder anderen Reihe verleihen soll. In Wirklichkeit ist dieser Schritt höchst bedeutungsvoll geworden. Während man in der Bewusstseins-Psychologie nie über jene lückenhaften, offenbar von anderswo abhängigen Reihen hinauskam, hat die andere Auffassung, das Psychische sei an sich unbewusst, gestattet, die Psychologie zu einer Naturwissenschaft wie jede andere auszugestalten. Die Vorgänge, mit denen sie sich beschäftigt, sind an sich ebenso unerkennbar wie die anderer Wissenschaften, der chemischen oder physikalischen, aber es ist möglich die Gesetze festzustellen, denen sie gehor-

chen, ihre gegenseitigen Beziehungen und Abhängigkeiten über weite Strecken lückenlos zu verfolgen. [...]
Während dieser Arbeit drängen sich uns die Unterscheidungen auf, die wir als psychische Qualitäten bezeichnen. Was wir bewusst heissen, brauchen wir nicht zu charakterisieren, es ist das Nämliche wie das Bewusstsein der Philosophen und der Volksmeinung. Alles andere Psychische ist für uns das Unbewusste. Bald werden wir dazu geführt, in diesem Unbewussten eine wichtige Scheidung anzunehmen. Manche Vorgänge werden leicht bewusst, sind es dann nicht mehr, können es aber ohne Mühe wieder werden, wie man sagt, können reproduziert oder erinnert werden. [...]
Alles Unbewusste, das sich so verhält, so leicht den unbewussten Zustand mit dem bewussten vertauschen kann, heissen wir darum lieber bewusstseinsfähig oder vorbewusst. Die Erfahrung hat uns gelehrt, dass es kaum einen psychischen Vorgang von noch so komplizierter Art gibt, der nicht gelegentlich vorbewusst bleiben könnte, wenngleich er in der Regel zum Bewusstsein vordringt, wie wir uns ausdrücken.
Andere psychische Vorgänge, Inhalte haben keinen so leichten Zugang zum Bewusstwerden, sondern müssen auf die beschriebene Weise erschlossen, erraten und in bewussten Ausdruck übersetzt werden. Für diese reservieren wir den Namen des eigentlich Unbewussten. Wir haben also den psychischen Vorgängen drei Qualitäten zugeschrieben, sie sind entweder bewusst, vorbewusst oder unbewusst. Die Scheidung zwischen den drei Klassen von Inhalten, welche diese Qualitäten tragen, ist weder eine absolute noch eine permanente. Das was vorbewusst ist, wird, wie wir sehen, ohne unser Zutun bewusst, das Unbewusste kann durch unsere Bemühung bewusst gemacht werden, wobei wir die Empfindung haben dürfen, dass wir oft sehr starke Widerstände überwinden. [...]
In dieser Allgemeinheit und Vereinfachung dargestellt, scheint die Lehre von den drei Qualitäten des Psychischen eher eine Quelle unübersehbarer Verwirrung als ein Beitrag zur Aufklärung zu sein. Es ist aber nicht zu vergessen, dass sie eigentlich keine Theorie ist, sondern ein erster Rechenschaftsbericht über die Tatsachen unserer Beobachtungen, dass sie sich so nahe wie möglich an diese Tatsachen hält und sie nicht zu erklären versucht. Die Komplikationen, die sie aufdeckt, mögen die besonderen Schwierigkeiten, mit denen unsere Forschung zu kämpfen hat, begreiflich machen. Vermutlich wird aber auch diese Lehre uns näher gebracht werden, wenn wir den Beziehungen folgen, die sich zwischen den psychischen Qualitäten und den von uns angenommenen Provinzen oder Instanzen des psychischen Apparates ergeben. Allerdings sind auch diese Beziehungen nichts weniger als einfach. Das Bewusstwerden ist vor allem geknüpft an die Wahrnehmungen, die unsere

Sinnesorgane von der Aussenwelt gewinnen. Es ist also für die topische Betrachtung ein Phänomen, das sich in der äussersten Rindenschicht des Ichs zuträgt. Wir erhalten allerdings auch bewusste Nachrichten aus dem Körperinneren, die Gefühle, die sogar unser Seelenleben gebieterischer beeinflussen als die äusseren Wahrnehmungen, und unter gewissen Umständen liefern auch Sinnesorgane Gefühle, Schmerzempfindungen, ausser ihren spezifischen Wahrnehmungen. [...] Das Innere des Ichs, das vor allem die Denkvorgänge umfasst, hat die Qualität des Vorbewussten. Diese ist für das Ich charakteristisch, kommt ihm allein zu.

12.3   Dynamische Beziehungen zwischen Strukturelementen und Funktionen

12.3.1   Die Relation Ich vs. Bewusstes/Unbewusstes

Die Unterscheidung des Psychischen in Bewußtes und Unbewußtes ist die Grundvoraussetzung der Psychoanalyse und gibt ihr allein die Möglichkeit, die ebenso häufigen als wichtigen pathologischen Vorgänge im Seelenleben zu verstehen, der Wissenschaft einzuordnen. Nochmals und anders gesagt: die Psychoanalyse kann das Wesen des Psychischen nicht ins Bewußtsein verlegen, sondern muß das Bewußtsein als eine Qualität des Psychischen ansehen, die zu anderen Qualitäten hinzukommen oder wegbleiben mag. [...]
Bewußtsein ist zunächst ein rein deskriptiver Terminus, der sich auf die unmittelbarste und sicherste Wahrnehmung beruft. Die Erfahrung zeigt uns dann, daß ein psychisches Element, zum Beispiel eine Vorstellung, gewöhnlich nicht dauernd bewußt ist. Es ist vielmehr charakteristisch, daß der Zustand des Bewußtseins rasch vorübergeht; die jetzt bewußte Vorstellung ist es im nächsten Moment nicht mehr. [...]
Unseren Begriff des Unbewußten gewinnen wir also aus der Lehre von der Verdrängung. Das Verdrängte ist uns das Vorbild des Unbewußten. Wir sehen aber, daß wir zweierlei Unbewußtes haben, das latente, doch bewußtseinsfähige, und das Verdrängte, an sich und ohne weiteres nicht bewußtseinsfähige. Unser Einblick in die psychische Dynamik kann nicht ohne Einfluß auf Nomenklatur und Beschreibung bleiben. Wir heißen das Latente, das nur deskriptiv unbewußt ist, nicht im dynamischen Sinne, vorbewußt; den Namen unbewußt beschränken wir auf das dynamisch unbewußte Verdrängte, so daß wir jetzt drei Termini haben, bewußt (bw), vorbewußt (vbw) und unbewußt (ubw), deren Sinn nicht mehr rein deskriptiv ist. [...]

Nun können wir mit unseren drei Terminis, bw, vbw und ubw, bequem wirtschaften, wenn wir nur nicht vergessen, daß es im deskriptiven Sinne zweierlei Unbewußtes gibt, im dynamischen aber nur eines. [...]
Wir haben uns die Vorstellung von einer zusammenhängenden Organisation der seelischen Vorgänge in einer Person gebildet und heißen diese das Ich derselben. An diesem Ich hängt das Bewußtsein, es beherrscht die Zugänge zur Motilität, das ist: zur Abfuhr der Erregungen in die Außenwelt; es ist diejenige seelische Instanz, welche eine Kontrolle über all ihre Partialvorgänge ausübt, welche zur Nachtzeit schlafen geht und dann immer noch die Traumzensur handhabt. Von diesem Ich gehen auch die Verdrängungen aus, durch welche gewisse seelische Strebungen nicht nur vom Bewußtsein, sondern auch von den anderen Arten der Geltung und Betätigung ausgeschlossen werden sollen. Dies durch die Verdrängung Beseitigte stellt sich in der Analyse dem Ich gegenüber, und es wird der Analyse die Aufgabe gestellt, die Widerstände aufzuheben, die das Ich gegen die Beschäftigung mit dem Verdrängten äußert. [...]
Wir erkennen, daß das ubw nicht mit dem Verdrängten zusammenfällt; es bleibt richtig, daß alles Verdrängte ubw ist, aber nicht alles ubw ist auch verdrängt. Auch ein Teil des Ichs, ein Gott weiß wie wichtiger Teil des Ichs, kann ubw sein, ist sicherlich ubw. Und dies ubw des Ichs ist nicht latent im Sinne des vbw.

12.3.2 Die Relation ‚Es', ‚Ich', ‚Über-Ich' vs. Funktionsbereich ‚Triebe'

Es ist schwer, etwas über das Verhalten der Libido im Es und im Überich auszusagen. Alles, was wir darüber wissen, bezieht sich auf das Ich, in dem anfänglich der ganze verfügbare Betrag von Libido aufgespeichert ist. Wir nennen diesen Zustand den absoluten primären *Narzissmus*. Er hält so lange an, bis das Ich beginnt, die Vorstellungen von Objekten mit Libido zu besetzen, narzisstische Libido in *Objektlibido* umzusetzen. Über das ganze Leben bleibt das Ich das grosse Reservoir, aus dem Libidobesetzungen an Objekte ausgeschickt und in das sie auch wieder zurückgezogen werden.

Tiefenpsychologische Beiträge zur persönlichkeitspsychologischen Begriffsbildung: Extraversion und Introversion (Jung, C. G., 1913, 1921, 1936, 1937)

13.1 Die klinisch-psychiatrische Herkunft der Begriffe ‚Extraversion' und ‚Introversion'

Heutzutage mag mancher vielleicht darüber verwundert sein, dass H. J. Eysenck (s. Kap. 15), der sich bei vielen Gelegenheiten als entschiedener Verfechter einer nomothetischen Forschungsstrategie und als scharfer Kritiker z. B. psychoanalytischer und anderer tiefenpsychologischen Auffassungen erwies, bei der Benennung einer von drei Grunddimensionen seines Persönlichkeitskonzepts ausgerechnet auf Begrifflichkeiten tiefenpsychologischer Provenienz zurückgreift, nämlich den Begriff ‚Extraversion'. Der Begründer der analytischen bzw. komplexen Psychologie, Carl Gustav Jung (1875 – 1961), verwendete die Begriffe ‚Extraversion' und ‚Introversion' in seiner Schrift ‚Psychologische Typen' (1921, 17. Aufl. 1994) zur Kennzeichnung entgegengesetzter ‚Grundeinstellungen' der Persönlichkeit. Bereits acht Jahre vorher, 1913, gebrauchte er die o. g. Begriffe in einem Vortrag auf dem Psychoanalytischen Kongress in München, um die Verschiedenheit psychischer Symptome bei den psychiatrischen Krankheitsformen ‚Hysterie' vs. ‚Dementia praecox' zu beschreiben. In diesem Vortrag machte Jung geltend, dass „wahrscheinlich auch normale Menschentypen durch das Überwiegen des einen oder anderen Mechanismus [Extra- vs. Introversion] charakterisiert" werden können.

Wenn wir den allgemeinen Aspekt von Hysterie und Dementia praecox vergleichen, so fällt, wie allgemein bekannt, der Kontrast in ihrem Verhalten zum
Objekt als besonders charakteristisch auf. Die Hysterie hat in der Regel eine
über die Norm hinausgehende Intensität der Beziehung zum Objekt, die Dementia praecox eine die Norm nicht erreichende Stärke der Gefühlsbeziehung. Im
persönlichen Verhältnis macht sich dies durch die Tatsache geltend, daß man
bei der Hysterie einen Gefühlsrapport mit dem Patienten hat, bei der Dementia praecox jedoch nicht. […] Auch in der sonstigen Symptomatologie der beiden Krankheitstypen tritt der Unterschied klar zutage. Was die intellektuellen
Symptome der Hysterie anbelangt, so handelt es sich um Phantasiegebilde, die
aus der individuellen Vorgeschichte des Falles allgemein menschlich begreiflich sind; bei der Dementia praecox hingegen haben die Phantasiegebilde einen
Charakter, der demjenigen der Träume viel verwandter ist als der Psychologie
des Wachzustandes. […] Aus all dem läßt sich leicht erkennen, daß die Hysterie
gekennzeichnet ist durch eine zentrifugale Bewegung der Libido, während bei
der Dementia praecox die Bewegung mehr eine zentripetale ist. […] Ich habe
diese zwei entgegengesetzten Richtungen der Libido «Extraversion» und «Introversion» genannt. […] Wir sprechen also von Extraversion überall dort, wo das
Individuum sein ganzes Interesse der äußeren Welt, dem Objekt zuwendet und
diesem außerordentliche Bedeutung und ebensolchen Wert zumißt. Wo die objektive Welt gewissermaßen im Schatten versinkt und wenig Beachtung findet,
während der Mensch selber im Mittelpunkt seines eigenen Interesses steht und in
seinen Augen sozusagen als einziger erscheint, also im gegenteiligen Fall, handelt es sich um Introversion. […] Die Tatsache aber, daß zwei so gegensätzliche
geistige Störungen wie Hysterie und Dementia praecox, durch das Überwiegen
des Extraversions- respektive des Introversionsmechanismus gekennzeichnet
sind, weist darauf hin, daß wahrscheinlich auch normale Menschentypen durch
das Vorwiegen des einen oder des anderen Mechanismus charakterisiert sind. So
ist es zum Beispiel eine dem Psychiater wohlbekannte Tatsache, daß sowohl der
hysterische Kranke, wie der Schizophrene auch schon lange vor der manifesten
Krankheit bis in früheste Kindheitsjahre zurück durch das Vorwalten seines spezifischen Typus gekennzeichnet war.

13.2   Die Berufung auf praktisch-klinische Erfahrung

In diesem Zusammenhang ist auch erwähnenswert, dass Jung in einer späteren (7.)
Auflage seines Werkes seine Auffassungen mit dem Hinweis auf „vieljährige praktische Erfahrung" und seine Funktion als „Arzt und praktischer Psychotherapeut"

zu legitimieren versuchte und sich ausdrücklich von den praxisfernen „akademischen Psychologen" abgrenzte.

> Die Kritik begeht nämlich häufig den Irrtum anzunehmen, die Typen seien sozusagen frei erdacht und würden dem Erfahrungsmaterial gewissermaßen aufgedrängt. Ich muß dieser Annahme gegenüber betonen, daß meine Typologie das Resultat vieljähriger, praktischer Erfahrung ist, einer Erfahrung allerdings, welche dem akademischen Psychologen völlig verschlossen ist. Ich bin in erster Linie Arzt und praktischer Psychotherapeut, und alle meine psychologischen Formulierungen gehen aus den Erfahrungen einer täglichen schweren Berufsarbeit hervor. Was ich daher in diesem Buch sage, ist sozusagen Satz für Satz hundertfach in der praktischen Krankenbehandlung erprobt und ursprünglich auch aus dieser hervorgegangen.

13.3 Definitionen

Das zentrale Unterscheidungskriterium zwischen Extraversion und Introversion sind nach Jung gegenpolige Subjekt-Objekt-Beziehungen: Beim Extravertierten überwiegt „eine Bewegung des Interesses *auf* das Objekt *hin*", beim Introvertierten „eine Bewegung des Interesses *vom* Objekt *weg* zum Subjekt" (Jung, 1994 [1921], 3). In tiefenpsychologischer Terminologie heißt dies: „Auswärtswendung der Libido" beim Extravertierten, „Einwärtswendung der Libido" beim Introvertierten. Am Schluss seines Werkes gibt Jung stringente Definitionen beider Begriffe.

> *Extraversion.* Extraversion heißt Auswärtswendung der *Libido*. Mit diesem Begriff bezeichne ich eine offenkundige Beziehung des Subjektes auf das Objekt im Sinne einer positiven Bewegung des subjektiven Interesses zum Objekt. Jemand, der sich in einem extravertierten Zustande befindet, denkt, fühlt und handelt in bezug auf das Objekt, und zwar in einer direkten und äußerlich deutlich wahrnehmbaren Weise, so daß kein Zweifel über seine positive Einstellung auf das Objekt bestehen kann. Die Extraversion ist daher gewissermaßen eine Hinausverlegung des Interesses aus dem Subjekt auf das Objekt. Ist die Extraversion intellektuell, so denkt sich das Subjekt in das Objekt ein; ist die Extraversion gefühlsmäßig, so fühlt sich das Subjekt in das Objekt ein. Im Zustande der Extraversion ist eine starke, wenn auch nicht ausschließliche Bedingtheit durch das Objekt vorhanden. Es ist von einer *aktiven* Extraversion zu sprechen, wenn die Extraversion absichtlich gewollt ist, und von einer *passiven* Extraversion, wenn das Objekt die Extraversion erzwingt, das heißt von sich aus das Interesse des

Subjektes anzieht, eventuell entgegen der Absicht des Subjektes. Ist der Zustand der Extraversion habituell, so entsteht daraus der *extravertierte Typus*.

Introversion. Introversion heißt Einwärtswendung der *Libido*. Damit ist eine negative Beziehung des Subjektes zum Objekt ausgedrückt. Das Interesse bewegt sich nicht zum Objekt, sondern zieht sich davor zurück auf das Subjekt. Jemand, der introvertiert eingestellt ist, denkt, fühlt und handelt in einer Art und Weise, die deutlich erkennen läßt, daß das Subjekt in erster Linie motivierend ist, während dem Objekt höchstens ein sekundärer Wert zukommt. Die Introversion kann einen mehr intellektuellen oder mehr gefühlsmäßigen Charakter haben, ebenso kann sie durch Intuition oder durch Empfindung gekennzeichnet sein. Die Introversion ist *aktiv,* wenn das Subjekt eine gewisse Abschließung gegenüber dem Objekt *will; passiv,* wenn das Subjekt nicht imstande ist, die vom Objekt zurückströmende Libido wieder auf das Objekt zurückzubringen. Ist die Introversion habituell, so spricht man von einem *introvertierten Typus*.

13.4 Allgemeinverständliche Umschreibung der Begriffe ‚Extraversion' und ‚Introversion'

Eine allgemeinverständlichere und ausführlichere, mit phänographischen Konkretisierungen angereicherte Charakterisierung der beiden Typen findet sich in einem Aufsatz, den Jung 1936 für die ‚Süddeutschen Monatshefte' verfasste, und der möglicherweise den heutigen Leser eher anspricht.

Diese beiden verschiedenen Grundhaltungen habe ich als «Extraversion» und «Introversion» bezeichnet. Die Extraversion ist gekennzeichnet durch Hinwendung zum äußeren Objekt, Aufgeschlossenheit und Bereitwilligkeit gegenüber dem äußeren Vorgang, Verlangen, sowohl auf diesen einzuwirken, wie sich von diesem bewirken zu lassen, Lust und Bedürfnis, dabei zu sein und mitzutun, Fähigkeit, Betrieb und Lärm jeglicher Art zu ertragen, ja als lustvoll zu empfinden, schließlich stetige Aufmerksamkeit auf die Beziehung zur Umwelt, Pflege und Unterhaltung von Freund- und Bekanntschaften ohne allzu peinliche Auslese, große Wichtigkeit, wie und ob man auf die Umgebung wirkt, daher starke Neigung zur eigenen Schaustellung. Weltanschauung und Ethik sind dementsprechend in der Regel möglichst kollektiver Natur mit starker Betonung des Altruismus, und das Gewissen hängt in hohem Maße von der Umgebungsmeinung ab. Moralische Bedenklichkeit fängt hauptsächlich dann an, wenn andere «drum wissen». Religiöse Überzeugungen sind gewissermaßen von einem Mehrheitsbeschluß bedingt.

Das eigene Subjekt liegt, wenn irgend möglich, im dunkeln. Man verhüllt es auch vor sich selber mit Unbewußtheit. Die Abneigung, die eigenen Motive einer kritischen Prüfung zu unterziehen, ist ausgesprochen. Man hat keine Geheimnisse, die man nicht schon längst mit anderen geteilt hätte. Sollte einem trotzdem etwas Uneingestehbares zugestoßen sein, so zieht man das Vergessen vor. Was immer den kollektiv zur Schau getragenen Optimismus und Positivismus kränken könnte wird vermieden. Was man denkt, beabsichtigt und wie man handelt, wird mit Überzeugung und Wärme vorgeführt.

Das seelische Leben dieses Typus spielt sich gewissermaßen außerhalb seiner selbst, in seiner Umgebung ab. Er lebt in und mit anderen; der Umgang mit sich selber aber ist ihm unheimlich. Dort scheinen Gefahren zu lauern, welche man besser mit Betrieb übertönt. Hat er aber doch einen «Komplex», so flüchtet er sich davor in die Öffentlichkeit und läßt sich von seiner Umgebung mehrmals täglich bestätigen, daß alles mit ihm in Ordnung sei. Wenn er nicht zu betriebsam, zu vordrängerisch und zu oberflächlich ist, so ist er offenkundig und unterstrichen ein nützliches Mitglied der menschlichen Gesellschaft. Ich muß mich im Rahmen eines kurzen Aufsatzes mit dieser mehr andeutenden, allgemeinen Skizzierung begnügen. Sie soll ja schließlich dem Leser bloß soviel Vorstellungsstoff vermitteln, damit er sich unter «Extraversion» etwas denken kann, was er mit seiner eigenen Menschenkenntnis in Beziehung zu setzen vermag. Ich habe absichtlich die Schilderung der Extraversion vorangestellt, denn diese Haltung ist allgemein bekannt; der Extravertierte lebt nicht nur in dieser Haltung, er führt sie seinen Mitmenschen auch aus Prinzip vor. Sie entspricht überdies gewissen Idealen und moralischen Forderungen.

Die «Introversion» dagegen, welche sich nicht dem Objekt, sondern dem Subjekt zuwendet und sich eben gerade nicht am Objekt orientiert, ist nicht ohne weiteres durchschaubar. Der Introvertierte kommt nämlich nicht entgegen, sondern ist wie auf einem ständigen Rückzug vor dem Objekt begriffen. Er ist dem äußeren Vorgang gegenüber verschlossen, tut nicht mit, hat eine ausgesprochene Gemeinschaftsunlust, sobald er sich unter zu vielen Menschen befindet. In größeren Versammlungen fühlt er sich einsam und verloren. Je mehr auf ihn eindringt, desto größer wird sein Widerstand dagegen. Er liebt das «Dabeisein» keineswegs, ebensowenig enthusiastisches Mittun und Nachahmung. Was er tut, wird er auf seine Art tun, indem er äußere Beeinflussung weitgehend ausschaltet. Sein Auftreten neigt zur Ungeschicklichkeit, er erscheint deshalb oft gehemmt, und es passiert ihm häufig, daß er durch eine gewisse schroffe oder verdrossene Unzugänglichkeit oder durch eine unzeitgemäße Bedenklichkeit die Leute vor den

Kopf stößt. Seine besseren Eigenschaften behält er in erster Linie für sich, und nicht allzuselten tut er alles, um sie zu verheimlichen. Er ist leicht mißtrauisch, eigensinnig, leidet oft an Minderwertigkeitsgefühlen und ist aus diesem Grunde auch neidisch. Seine Ängstlichkeit gegenüber dem Objekt beruht nicht etwa auf Furchtsamkeit, sondern darauf, daß es ihm negativ, aufdrängerisch, überwältigend oder sogar bedrohlich erscheint. Er vermutet daher gerne schlechte Motive, hat eine ewige Angst, er könnte sich lächerlich machen, ist in der Regel persönlich sehr empfindlich und umgibt sich daher mit einer Stacheldrahthecke, die oft so dicht und undurchdringlich ist, daß er selber lieber alles andere täte als dahinter sitzen. Er wendet gegenüber der Welt ein ausgedehntes Sicherungssystem an, das aus Skrupulosität, Pedanterie, Sparsamkeit, Sorgfältigkeit, ängstlicher Gewissenhaftigkeit, Vorsicht, peinlicher Korrektheit, Höflichkeit und einem immer wachen Mißtrauen besteht. Sein Weltbild ermangelt der rosigen Töne, denn er ist kritisch und findet in jeder Suppe ein Haar. Unter normalen Umständen ist er pessimistisch und besorgt, denn Welt und Menschheit sind nicht gut, sondern erdrücken und überwältigen den einzelnen, der sich nie in ihrem Schoße aufgenommen fühlt. Er nimmt aber auch die Welt nicht an, jedenfalls nicht unmittelbar, sondern es muß alles zuerst an seinen kritischen Maßstäben gemessen und bewertet werden. Schließlich wird nur das angenommen, was man aus so und so vielen subjektiven Gründen zum Eigenen machen kann. Der Umgang mit sich selbst ist ihm Vergnügen. Seine eigene Welt ist ein sicherer Hafen, ein ängstlich gehüteter ummauerter Garten, vor aller Öffentlichkeit und zudringlicher Neugier geborgen. Seine eigene Gesellschaft ist ihm die beste. In seiner Welt, in der sich nur das verändert, was er verändert, fühlt er sich wohl. Seine beste Leistung ist das, was er mit eigenen Mitteln, aus eigenem Antrieb und in eigener Art und Weise hervorbringt. Gelingt es ihm, nach einem längeren und oft mühevollen Assimilationsprozeß ein Fremdes zum Eigenen zu machen, so kann er damit etwas Treffliches leisten. Menge, Majorität, öffentliche Meinung und allgemeiner Enthusiasmus überzeugen ihn nie, sie veranlassen ihn bloß, sich noch mehr in seine unangreifbare Schale zu verkriechen.

Seine Beziehungen zu Menschen werden nur da warm, wo die Sicherheit garantiert ist, das heißt wo man das schützende Mißtrauen ablegen kann. Allzuoft kann man das aber nicht tun, infolgedessen beschränkt sich der Freundes- und Bekanntenkreis auf die kleinstmögliche Zahl. So spielt sich auch das seelische Leben dieses Typus ganz im subjektiven Inneren ab und bleibt der Umwelt verborgen. Entstehen aber in dieser Innenwelt irgendwelche Konflikte oder Schwierigkeiten, so werden Türen und Fenster geschlossen. Man schließt sich mit dem Komplex ein bis zur völligen Verschlossenheit und Isolierung. Trotz dieser Eigentümlichkeiten ist der Introvertierte keineswegs ein der Gesellschaft Verlorener. Sein Rückzug auf sich selbst bedeutet keine endgültige Absage an die Welt, sondern ein Aufsuchen der Ungestörtheit, aus welcher heraus es ihm allein möglich ist, seinen Beitrag an das Leben der Gesellschaft zu leisten. Dieser Typus Mensch ist vielen Mißverständnissen ausgesetzt, nicht mit Unrecht, denn er lädt diese förmlich ein. Er ist auch nicht ganz davon freizusprechen, daß er ein geheimes Vergnügen an der Mystifikation hat, und daß das Mißverstandenwerden ihm Genugtuung bereitet, denn es bestätigt wieder einmal seine pessimistische Weltauffassung. Unter diesen Umständen ist es durchaus begreiflich, daß man ihm Kälte, Stolz, Eigensinn, Egoismus, Eigendünkel, Verbohrtheit usw. vorwirft und ihn ermahnend darauf hinweist, daß Hingebung an die Ziele der Gesellschaft, Weltaufgeschlossenheit, wagemutige Bereitwilligkeit und selbstloses Vertrauen in das, was alle bewegt, wahrhafte Tugenden und Kennzeichen eines gesunden und tatkräftigen Lebens seien.

Der Introvertierte weiß zwar, daß es solche Tugenden und vielleicht auch irgendwo (aber nicht in seiner Bekanntschaft) gottbegnadete Menschen gibt, welche sich des ungeschmälerten Besitzes solcher idealer Eigenschaften erfreuen. Seine Selbstkritik und die Bewußtheit seiner Motive hat ihm aber die Illusion, daß er solcher Tugenden fähig wäre, schon längst zerstört, und sein angstgeschärfter Mißtrauensblick hat ihn noch stets bei seiner Umgebung das Eselsohr, das unter dem Löwenfell hervorguckt, entdecken lassen. Welt und Menschheit sind ihm Störung und Gefahr, aber keine Gültigkeit, an der er sich im letzten Grunde orientieren könnte. Gültig ist ihm allein seine subjektive Welt, von der er sogar bisweilen, wenn er verblendet ist, glaubt, daß sie die objektive sei. Man könnte diesen Menschen ohne weiteres des schlimmsten Subjektivismus, ja sogar eines krankhaften Individualismus anklagen, wenn es über allen Zweifel hinaus sicherstünde, daß es nur die eine objektive Welt gibt. Diese Wahrheit ist aber kein Axiom, sondern bloß eine halbe Wahrheit, deren andere Hälfte darin besteht, daß die Welt auch das ist, als was sie von Menschen, in letzter Linie vom einzelnen, gesehen wird. Es gibt nämlich überhaupt keine Welt ohne das erkennende Subjekt. Dieses ist, so klein und so unscheinbar es auch sein mag, jeweils der andere Pfeiler der Brücke des Weltphänomens. Die Berufung auf das Subjekt hat daher denselben Betrag an Gültigkeit wie die Berufung auf die sogenannte objektive Welt, denn sie gründet sich auf die seelische Gegebenheit schlechthin. Diese aber ist eine Wirklichkeit, deren Gesetze ihr eigentümlich und nicht bloß sekundärer Natur sind.

13.5   Temperamentsbezogene Differenzierungen

Neben der Dimension Extraversion/Introversion gibt es nach Jung eine zweite
Ebene, auf der sich Individuen voneinander unterscheiden: die „psychologischen
Grundfunktionen". Als solche bestimmt er ‚Denken', ‚Fühlen', ‚Empfinden' und
‚Intuition'. Bei dem einen Individuum kann ‚Denken' den Primat haben, bei einem
anderen ‚Fühlen' usw. Der ‚Denktypus' kann extravertiert oder introvertiert sein,
der ‚Fühltypus' oder der ‚Empfindungstypus' oder der ‚intuitive Typus' ebenso.
Auf diese Weise gelangt Jung zur Unterscheidung von 8 Typen: der extravertier-
te Denk-, Fühl-, Empfindungs- und intuitive Typ sowie der introvertierte Denk-,
Fühl-, Empfindungs- und intuitive Typ.

> Wir müssen daher einen weiteren Schritt tun, um bezeichnen zu können, worin
> die Unterschiede der zu einer bestimmten Gruppe gehörenden Individuen be-
> stehen. Es hat sich nun meiner Erfahrung gezeigt, daß ganz allgemein die Indi-
> viduen sich unterscheiden lassen nicht nur nach der universellen Verschiedenheit
> von Extra und Introversion, sondern auch nach den einzelnen psychologischen
> Grundfunktionen. In dem gleichen Maße nämlich, wie äußere Umstände sowohl
> wie innere Disposition ein Vorherrschen von Extraversion veranlassen, begüns-
> tigen sie auch das Vorherrschen einer bestimmten Grundfunktion im Individu-
> um. Als Grundfunktionen, das heißt als Funktionen, die sich sowohl genuin wie
> auch essentiell von anderen Funktionen unterscheiden, ergaben sich meiner Er-
> fahrung das «Denken», das «Fühlen», das «Empfinden» und das «Intuieren».
> Herrscht eine dieser Funktionen habituell vor, so entsteht ein entsprechender Ty-
> pus. Ich unterscheide daher einen Denk-, einen Fühl-, einen Empfindungs- und
> einen intuitiven Typus. *Jeder dieser Typen kann außerdem introvertiert oder*
> *extravertiert sein,* je nach seinem Verhalten zum Objekt in der Weise, wie oben
> geschildert wurde.

13.6   Beispiel einer wertenden Typ-Charakterisierung: Der extravertierte Fühltypus

Für die Zuordnung eines Individuums zu einem Typ gibt es keine objektiv-validen
diagnostischen Instrumente. Stattdessen beruft man sich auf subjektive Erfahrung
(wörtliche Formulierung: „es hat mir meine Erfahrung gezeigt"). Als Beispiel für
Jungs Typ-Beschreibung soll der Abschnitt „Der extravertierte Fühltypus" aus-
zugsweise wiedergegeben werden.

Der extravertierte Fühltypus

Insofern das Gefühl unbestreitbar eine sichtbarere Eigentümlichkeit der weiblichen Psychologie ist als das Denken, so finden sich auch die ausgesprochensten Fühltypen beim weiblichen Geschlecht. Wenn das extravertierte Fühlen das Primat besitzt, so sprechen wir von einem extravertierten Fühltypus. Die Beispiele, die mir bei diesem Typus vorschweben, betreffen fast ohne Ausnahme Frauen. Diese Art Frau lebt nach der Richtschnur ihres Gefühls. Ihr Gefühl hat sich infolge der Erziehung zu einer eingepaßten und der Bewußtseinskontrolle unterworfenen Funktion entwickelt. In Fällen, die nicht extrem liegen, hat das Gefühl persönlichen Charakter, obschon das Subjektive bereits in höherem Maße unterdrückt wurde. Die Persönlichkeit erscheint daher als in die objektiven Verhältnisse eingepaßt. Die Gefühle entsprechen den objektiven Situationen und den allgemein gültigen Werten. Dies zeigt sich nirgends deutlicher als in der sogenannten Liebeswahl. Der «passende» Mann wird geliebt, nicht irgend ein anderer; er ist passend, nicht etwa, weil er dem subjektiven verborgenen Wesen der Frau durchaus zusagte – das weiß sie meistens gar nicht -, sondern weil er in puncto Stand, Alter, Vermögen, Größe und Respektabilität seiner Familie allen vernünftigen Anforderungen entspricht. Man könnte natürlich eine solche Formulierung leicht als ironisch und entwertend ablehnen, wenn ich nicht der vollen Überzeugung wäre, daß das Liebesgefühl dieser Frau ihrer Wahl auch vollkommen entspricht. Es ist echt und nicht etwa vernünftige Mache. Solcher «vernünftigen» Ehen gibt es unzählige, und es sind keineswegs die schlechtesten. Solche Frauen sind gute Gefährtinnen ihrer Männer und gute Mütter, solange ihre Männer oder Kinder die landesübliche psychische Konstitution besitzen.
«Richtig» fühlen kann man nur dann, wenn nichts anderes das Gefühl stört. Nichts stört aber das Fühlen so sehr wie das Denken. Es ist daher ohne weiteres begreiflich, daß das Denken bei diesem Typus möglichst unterdrückt wird. Damit soll nun keineswegs gesagt sein, daß eine solche Frau überhaupt nicht denke; im Gegenteil, sie denkt vielleicht sehr viel und sehr klug, aber ihr Denken ist niemals sui generis, sondern ein epimetheisches Anhängsel ihres Fühlens. Was sie nicht fühlen kann, kann sie auch bewußt nicht denken. «Ich kann doch nicht denken, was ich nicht fühle», sagte mir einmal eine Patientin in entrüstetem Tone. Soweit es das Gefühl erlaubt, kann sie sehr gut denken, aber jeder noch so logische Schluß, der zu einem das Gefühl störenden Ergebnis führen könnte, wird a limine abgelehnt. Er wird einfach nicht gedacht. Und so wird alles, was objektiver Bewertung entsprechend gut ist, geschätzt oder geliebt; Übriges scheint bloß außerhalb ihrer selbst zu existieren. [...] Wir haben bereits gesehen, daß der extravertierte Fühltypus am meisten sein

Denken unterdrückt, weil eben das Denken am ehesten geeignet ist, das Fühlen zu stören. Aus diesem Grunde schließt ja auch das Denken, wenn es zu irgendwie reinen Resultaten gelangen will, am allermeisten das Fühlen aus, denn nichts ist so geeignet, das Denken zu stören und zu verfälschen, wie die Gefühlswerte. Das Denken des extravertierten Fühltypus ist daher, insofern es eine selbständige Funktion ist, verdrängt. Wie ich bereits erwähnte, ist es nicht ganz verdrängt, sondern nur insofern seine unerbittliche Logik zu Schlüssen zwingt, die dem Gefühl nicht passen. Es ist aber zugelassen als Diener des Gefühls oder besser gesagt als sein Sklave.

13.7   Jungs Kritiker. Beispiel: Eysenck

Neben der generellen Kritik an der Methodik (subjektives Dafürhalten als Maßstab) ist festzustellen, dass Jung dazu neigt, zeitgemäße Stereotype unbesehen zu bedienen (Beispiel: Frauenbild), Aussagen als Werturteile zu formulieren („läppische Egozentrizität", „lächerlich-skrupellose Moralität", „handgreiflicher Pharisäismus" usw.) und subjektive Eindrucksurteile als unwiderlegbare Fakten darzustellen.

Zu den Kritikern Jungs gehört u. a. der eingangs erwähnte H.J. Eysenck. In einem historischen Rückblick resümiert er: „Die Arbeiten von Gross, Jung, Kretschmer und anderen Autoren dieser Zeit [1. Viertel des 20. Jahrhunderts, G. E.] boten wenig Stoff für eine wissenschaftliche Beschreibung der Persönlichkeit; sie verließen sich mehr auf Intuition und Argumentation als auf Maß und Zahl" (Eysenck, H. J., 1969, 25, Übersetzung: G. E.). Was speziell den Begriff ‚Extraversion' angeht (Jung, 1913 u. 1921 vs. Eysenck, 1947), rechtfertigt der Letztgenannte seinen späteren theoretisch und methodisch völlig andersartigen Gebrauch des gleichen Begriffs in bekannt schroffer Art:

Es ist leicht festzustellen, dass Jungs gesamtes System nicht das eines modernen Psychologen ist. […] Wenn in unserem Buch [= Eysenck, H.J., 1969, G.E.] die Begriffe Extraversion und Introversion verwendet werden, sollte man sich dessen bewusst sein, dass sie sich nicht auf Konzeptionen beziehen, die auf Jung zurückgehen. […] Es scheint mir recht und billig zu sein, dass man Begriffe von einem Autor übernimmt, die auch für andere wichtig sind; im Übrigen ist daran zu erinnern, dass in Wirklichkeit nicht Jung die Begriffe Extraversion und Introversion erfand; sie waren in Europa schon seit Jahrhunderten in Gebrauch [Anm.: Quellenbelege für diese Aussage gibt Eysenck nicht, G.E.], bevor sie Jung populär machte; und es gibt deshalb keinen Grund, warum ihr Gebrauch sakrosankt sein sollte" (Eysenck, H.J., 1969, Übersetzung: G.E.).

13.8 Appendix zum Verhältnis zwischen Jung und Eysenck – eine Anekdote

In einem kurzen historischen Abriss referiert Eysenck (1969) durchaus korrekt die wesentlichen Auffassungen der Jungschen Typologie. In dem voluminösen Gesamtwerk Jungs findet sich dagegen meines Wissens an keiner Stelle ein Hinweis auf Eysenck. Allerdings ist das Ignorieren Eysencks seitens Jung letztlich doch etwas zu relativieren: 1960, ein Jahr vor seinem Tod, erhielt Jung von einem gewissen Robert L. Kroon einen Brief. Der Adressat fragt bei Jung an, was er von der in einem Zeitungsartikel veröffentlichten Meinung Eysencks halte, dass sich die Rauchgewohnheiten extravertierter und introvertierter Raucher statistisch signifikant unterscheiden. Es wäre eine sträfliche Nachlässigkeit, wollte man die Antwort Jungs dem Leser/der Leserin vorenthalten.

To Mr. Robert L. Kroon
Time-Lift
Geneve

Dear Sir,
Es gibt kaum eine psychologische Feststellung, von der man nicht das Gegenteil beweisen kann. Eine Feststellung wie die von Dr. Eysenk kann wahr sein, aber nur grosso modo, da eine sichere Diagnose manchmal schwierig ist. Sobald neurotische Symptome vorliegen, wird die Diagnose unsicher, da man prima vista nicht erkennt, ob man es mit dem wahren Charakter oder dem kompensierenden Gegencharakter zu tun hat. Überdies gibt es nicht wenige Introvertierte, die sich der Nachteile ihrer Einstellung so peinlich bewußt sind, daß sie die Extravertierten zu imitieren und sich wie sie zu benehmen lernen, und umgekehrt geben sich manche Extravertierte gern das Air von Introvertierten, weil sie sich dann für interessanter halten. Eine Statistik habe ich nie aufgestellt, aber es fiel mir immer auf, daß Pfeifenraucher meist Introvertierte sind. Der typisch Extravertierte ist etwas zu sehr «busybody», um sich lang mit der Pfeife herumzuplagen, denn sie verlangt eine viel sorgfältigere Wartung als die Zigaretten, die man in einer Sekunde anzünden und fortwerfen kann. Das schließt aber nicht aus, daß ich starke Zigarettenraucher unter meinen Introvertierten kenne und nicht wenige Pfeifenraucher unter den Extravertierten, letztere allerdings meist mit leerer Pfeife. Pfeifenrauchen gehörte zu den von ihnen gern gepflegten introvertierten Manieriertheiten. Ich muß auch bemerken, daß in vielen Fällen die Diagnose dadurch erschwert ist, daß es die Extravertierten meist übelnehmen, als Extravertierte bezeichnet zu werden, so als wäre das eine Herabsetzung. Ich kenne

sogar den Fall eines berühmten Extravertierten, der den Mann, welcher ihn einen Extravertierten genannt hatte, zum Duell herausforderte.

Faithfully yours,

[C.G.Jung]

Die Begründung des trait-orientierten Ansatzes der Persönlichkeitspsychologie: Idiographische Variante (Allport, G. W., 1937) **14**

Ein wirkungsstarker Forscher in der frühen US-amerikanischen Persönlichkeitspsychologie war Gordon W. Allport (1897 – 1967), Professor für Psychologie an der Harvard University. Sein Werk ‚Personality. Psychological Interpretation' (1937) galt als ‚a landmark book' (Hilgard, E. R., 1987, 493).

Das zentrale Anliegen Allports war die Betonung der Individualität und Einzigartigkeit der Person. Methodisch war für ihn mit diesem Zugang zur Persönlichkeit die Favorisierung eines idiographischen Ansatzes verbunden. Die ‚Bausteine', die die Struktur der Persönlichkeit konstituieren, sind ‚traits'.[6]

14.1 Programmatische Aussagen und Definitionen

Als Basisinformationen werden a) programmatische Aussagen, b) Definitionen von ‚personality' und ‚trait' vorgestellt.

> Psychologisch bedeutsam ist die Tatsache, daß Persönlichkeit eine relativ dauerhafte und einzigartige Ordnung besitzt. Das zentrale Problem der Persönlichkeitspsychologie betrifft daher das Wesen dieser Struktur und

---

6   Der Begriff ‚trait' wird im Deutschen gelegentlich mit ‚Wesenszug' oder ‚Eigenschaft' übersetzt. In der deutschsprachigen Fachliteratur wird häufig der englische Originalbegriff verwendet. Wir halten es hier ebenso.

ihre Gliederung in Unterstrukturen oder Einheiten. [...] Das hervorstechende Merkmal des Menschen ist seine Individualität. Er ist eine einzigartige Schöpfung der Natur. Sein Leben führt er räumlich getrennt von allen anderen Menschen, in seiner besonderen Lebenszeit, auf seine bestimmte Weise. Nicht auf die Zelle oder auf das einzelne Organ, nicht auf die Gruppe oder auf die Art hat die Natur ihren Reichtum konzentriert, sondern vielmehr auf die zusammenfassende Ordnung von Lebensvorgängen in dem wunderbar stabilen und in sich geschlossenen System des individuellen Lebewesens. Im täglichen Leben, im unmittelbaren Umgang mit den Mitmenschen bemerkt man leicht das Hervortreten der Individualität. Im Wachen und im Träumen erscheinen uns die Leute als bestimmt und individuell. Der Mann auf der Straße kommt niemals in die Gefahr zu vergessen, daß die Individualität das wichtigste Merkmal der menschlichen Natur ist. Das erscheint ihm selbstverständlich (Allport, G. W., 1959, XV).

Persönlichkeit ist die dynamische Ordnung derjenigen psychophysischen Systeme im Individuum, die seine einzigartigen Anpassungen (adjustments) an seine Umwelt bestimmen (a.a.O., 49).

[Trait] ist ein verallgemeinertes und fokalisiertes neuropsychologisches System (das dem Individuum eigentümlich ist) mit der Fähigkeit, viele Reize funktionell äquivalent zu machen und konsistente äquivalente Formen von Handlung und Ausdruck einzuleiten und ihren Verlauf zu lenken (a.a.O., 296).

14.2 Abgrenzung gegenüber Typologien und Faktorenanalyse

Letztgenannter Abgrenzung liegt das Postulat zugrunde, dass eine radikale Fassung des Prädikats ‚Einzigartigkeit' vergleichende und/oder quantitativ-analytische Bestimmungen ausschließt.

Wir kommen wieder auf den scharfen Gegensatz zurück zwischen der Theorie der Eigenschaften und der Lehre (jeder Lehre) von Typen. Zum Unterschied von Eigenschaften haben Typen immer nur eine biosoziale Bedeutung. Man kann wohl sagen, jemand *hat* eine Eigenschaft, aber nicht er *hat* einen Typ; vielmehr *paßt* er in einen Typ. Diese Kleinigkeit des Sprachgebrauchs läßt die wichtige Tatsache erkennen, daß Typen nicht in den Menschen oder in der Natur bestehen, sondern vielmehr im Auge des Beobachters. Ein Typ erfaßt mehr, als im einzelnen Menschen steckt. Eigenschaften dagegen denkt man sich ganz innerhalb des Bereichs des einzelnen Menschen. Der wunde Punkt bei der Unterscheidung steckt darin, daß der Typ immer bezogen ist auf ein Merkmal oder ein Bündel korrelierender Merkmale, die von mehreren Persönlichkeiten abstrahiert sind; ein Typ ist also ein biosozialer Zug, den das Interesse des betreffenden Forschers bestimmt.

Eine ganze Population (je größer, desto besser) wird durch die Maschine gedreht und so geschickt gemischt, daß schließlich eine Kette von Faktoren herauskommt, in welcher jedes einzelne Individuum seine Identität verloren hat. Die individuellen Dispositionen eines Menschen werden vermischt mit den Dispositionen jedes anderen Menschen. Die so erhaltenen Faktoren stellen nur *Durchschnitts*tendenzen dar. Ob ein Faktor wirklich eine *organische* Anlage in einem Menschen ist, wird nicht gezeigt. Mit Sicherheit kann man nichts weiter behaupten, als daß ein Faktor eine empirisch abgeleitete Komponente der *Durchschnittspersönlichkeit* ist, und daß die Durchschnittspersönlichkeit eine völlige Abstraktion darstellt. Diesen Einwurf bestärkt die Überlegung, daß die auf diese Weise abgeleiteten Faktoren tatsächlich selten denjenigen Dispositionen und Eigenschaften ähneln, die mittels klinischer Methoden bei intensivem Studium eines *einzelnen* Menschen ermittelt werden. Eine zweite Schwierigkeit taucht auf bei der Benennung der Faktoren. Wenn korrelierende „Trauben" (*cluster*) isoliert werden, stellt sich oft heraus, daß sie eine ganz kuriose Mischung von Einzelheiten darstellen, die keinen psychologischen Sinn ergibt. So eine „Traube" enthält etwa folgendes Sammelsurium: Besonders spitze Zunge und Schönheit, kombiniert mit Trieb, aber in gewisser negativer Beziehung zu Einfühlung und Distanziertheit! Läßt sich daraus eine sinnvolle psychologische Deutung entnehmen? Zwar erhält man nicht immer so sinnlose Gemische, aber die Zusammensetzung jedes Faktors macht Schwierigkeiten bei der Wahl eines passenden Namens. Es bedeutet keine Lösung des Problems, wenn der Forscher auf den Kompromiß eines Anfangsbuchstabens zurückgreift, etwa w, p, o, s, e oder m, als ob er die Namen seiner Faktoren nicht laut auszusprechen wagte. Es scheint immer noch leichter und moderner zu sein, ein abstraktes Symbol zu verteidigen, als kühn einzutreten für solche substantiellen Elemente wie *Wille, Perservation, Oszillation, soziale Zurückgezogenheit, Emotionalität* und *Maskulinität*. Und doch – wenn diese moderne Version der Vermögenspsychologie überhaupt Wert haben soll, muß er darin bestehen, daß diese Version die echten und grundlegenden Persönlichkeitskomponenten, nach denen sie ja sucht, wirklich identifizieren kann. Bisher erwies es sich als schwierig, die zuverlässigen Früchte mathematischer Berechnungen in eine ebenso gesicherte Sprache der theoretischen Psychologie zu übertragen. Um es kurz zu sagen, scheinen die Faktoren oft vom psychologischen Tatbestande weitab zu liegen; so laufen sie Gefahr, im wesentlichen als mathematische Kunstprodukte angesprochen zu werden.

14.3 Differenzierung von trait-Stufen

Was den Grad der Bedeutsamkeit von traits als Bausteinen der jeweiligen Persönlichkeitsstrukturen angeht, unterscheidet Allport drei Stufen: Kardinal-, Zentral- und Sekundär-traits. Eine inhaltlich konkrete Benennung relevanter traits wird von Allport jedoch nicht geleistet. Insofern ist eine spätere Einschätzung in der Sekundärliteratur, wonach Allport „eher wegen der Themen, die er anregte, und der von ihm betonten Prinzipien im Gedächtnis [der Nachwelt] bleiben wird" (Pervin, L. A., Cervone, D. & John, O. P., 2005, 286), durchaus nachzuvollziehen. Es ist sicherlich kein Zufall, dass insbesondere mittels der von Allport verschmähten Faktorenanalyse *inhaltliche* trait-Modelle in der Folge erstellt wurden (Eysenck, Cattell, Guilford).

Kardinal-, Zentral- und Sekundär-Eigenschaften

In jeder Persönlichkeit gibt es Eigenschaften von größerer und von geringerer Bedeutung. Gelegentlich ragt eine Eigenschaft in einem Menschen so hervor, daß man sie als Kardinaleigenschaft bezeichnen kann; sie ist so beherrschend, daß ihr Einfluß nur in wenigen Handlungen nicht unmittelbar nachgewiesen werden kann. […]Keine solche Eigenschaft kann lange verborgen bleiben; ein Mensch wird daran erkannt und vielleicht sogar dadurch berühmt. Man hat eine solche Kardinaleigenschaft manchmal „maßgebende Gesinnung" *(master-sentiment)*, „beherrschende Leidenschaft", „hervorstechenden Zug" oder „Wurzel" *(radix)* einer Persönlichkeit genannt. […]

Nur eine ungewöhnliche Persönlichkeit besitzt ausschließlich eine hervorragende Eigenschaft. In der Regel scheinen die Persönlichkeitsbrennpunkte in einer Handvoll unterscheidbarer „wesentlicher" Eigenschaften oder Zentralzüge zu liegen. […]

Man kann auch von weniger wesentlichen Eigenschaften oder Sekundär-Eigenschaften sprechen; diese sind nicht so auffällig, nicht so verallgemeinert und nicht so konsistent, treten auch seltener in Aktion als die wesentlichen Eigenschaften. […]

Selbstverständlich sind diese drei Abstufungen ganz willkürlich; sie sind nur zur bequemeren sprachlichen Verständigung gebildet.

Die nomothetische Variante einer trait-orientierten Persönlichkeitspsychologie (Eysenck, H. J., 1954; Eysenck, H. J. & Eysenck, M. W., 1987 [1985])

15

15.1 Allports Nachfolger und zugleich Kritiker

Die auf Allport folgenden maßgeblichen Vertreter der angloamerikanischen Persönlichkeitspsychologie (H. J. Eysenck [1916 – 1997], R. B. Cattell [1905 – 1998] und J. P. Guilford [1897 – 1987]) knüpfen auf der einen Seite an die trait-Orientierung Allports an; auf der anderen Seite distanzieren sie sich von einem trait-Begriff, dem das Prädikat der absoluten Einzigartigkeit zukommt und der demzufolge (vermeintlich) nur eine idiographische Annäherung zulässt. Für die o. g. Nachfolger Allports sind traits inter- und intraindividuell vergleichbare, graduell abstufbare Bausteine der Persönlichkeitsstruktur. Aus dieser Perspektive wird die Option einer quantitativen Erfassung von Unterschieden eröffnet, und es können gegebenenfalls Aussagen gewonnen werden, die einem gewissen Allgemeingültigkeitsanspruch genügen. Mit anderen Worten: Die Persönlichkeitspsychologie bedient sich einer nomothetischen Methode.

> In der Tat ist auf keinem Gebiet eine wissenschaftliche Analyse möglich, ohne daß zuvor nicht die beobachteten Phänomene gewissen Einteilungsprinzipien unterworfen – sie quasi vorsortiert – werden. Dieses Faktum wird oft von Psychologen der idiographischen Richtung bestritten. Um einen Eindruck von ihrer Argumentationsweise zu geben, können wir auf G. W. Allport rekurrieren, der sie wohl am eindringlichsten dargestellt hat. Deutsche Protagonisten

wie Windelband oder Heidegger haben die Frage mehr unter philosophischem denn unter psychologischem Aspekt abgehandelt, wobei ihre weitschweifige Prosa praktisch kaum nachvollziehbar ist. Hingegen stehen Allports Schriften ganz und gar innerhalb der psychologischen Tradition und verdienen durchaus ein eingehendes Studium. Die idiographischen [i. e. individuell verstehend aus-gerichteten] Psychologen behaupten im wesentlichen dies, daß alle menschlichen Individuen einzigartig sind und infolgedessen nicht an irgend einem bestimmten Punkt eines Eigenschaften- oder Fähigkeitenkontinuums plaziert werden kön-nen. Vielmehr lasse sich die Art und Weise, in der bei jemandem eine besondere Eigenschaft oder Fähigkeit manifest wird, nur durch ihre Übereinstimmung mit oder ihren Gegensatz zu anderen Eigenschaften und Fähigkeiten feststellen, und zwar im Sinne einer einmaligen Struktur, die es nicht erlaubt, aufgrund isolierter Messungen der individuellen Merkmale irgendwelche sinnvollen Voraussagen zu machen. Darüber hinaus seien solche Eigenschaften oder Fähigkeiten künst-liche Abstraktionen der Realität; keineswegs vermögen sie – weder einzeln noch kombiniert – die einzigartig-lebendige Wirklichkeit wiederzugeben, die das Da-sein eines konkreten Menschen charakterisiert. Diese Argumente sind an und für sich völlig richtig und sollten von Psychologen, die an individuellen Unter-schieden interessiert sind, unbedingt ernst genommen werden. Jedoch schießen ihre Verfechter gewöhnlich übers Ziel hinaus; denn absolut genommen führen sie zur Leugnung der Möglichkeit wissenschaftlicher Forschung – nicht nur im Bereich der Persönlichkeit oder Psychologie, sondern auch der Physik, Chemie und Astronomie, ja der Wissenschaft überhaupt, und das käme einem erkennt-nistheoretischen Agnostizismus gleich. Dabei kann es gar keine Frage sein, daß alles, was existiert, einzigartig ist, und zwar ganz so, wie ein einzelner Mensch Einzigartigkeit besitzt. Kein Stern oder Planet gleicht exakt einem anderen; kein Atom ist mit einem anderen identisch, selbst wenn die Unterschiede lediglich in der Lage, Geschwindigkeit und Bewegungsrichtung liegen mögen. [...]
Der entgegengesetzte Typus zu dem von Allport exemplifizierten idiographi-schen Psychologen ist der experimentelle Psychologe, der bei seiner Arbeit von der Prämisse auszugehen scheint, daß alle Menschen in ihrem Wesen prinzipiell gleich sind, daß sich durch Untersuchung kleiner und unrepräsentativer Stich-proben der Population (z. B. Studenten nach dem Vordiplom) allgemeine Ge-setzmäßigkeiten auffinden lassen und daß man individuelle Unterschiede getrost übersehen kann.
L. J. Cronbach (1957) und H. J. Eysenck (1967a) haben gegen diesen Standpunkt starke Einwände erhoben und diese durch umfangreiches Beweismaterial unter-mauert, wonach ein beträchtlicher Anteil der in den meisten psychologischen Experimenten manifesten Gesamtvarianz zwangsläufig als Fehlervarianz in-

terpretiert werden mußte, wenn man die Ungleichheit der Individuen nicht in Rechnung stellt. Wir werden noch Gelegenheit haben, diesen Punkt ausführlich zu besprechen. Eines der Hauptargumente gegen die Auffassung, daß alle Organismen einzigartig sind, sich grundsätzlich voneinander unterscheiden und daher unmöglich mit den üblichen (natur)wissenschaftlichen Methoden untersucht werden können, geht von der simplen Tatsache aus, daß das Bestehen von Unterschieden zugleich das Bestehen von Ähnlichkeiten impliziert und daß beide – die Unterschiede wie die Ähnlichkeiten – auf einer meßbaren Dimension liegen müssen. Denn wie sollten wir sagen dürfen, daß alle Individuen verschieden sind, wenn wir diese Unterschiede nicht mit Hilfe bestimmter Eigenschafts-, Fähigkeits- oder ähnlicher Begriffe zu quantifizieren vermöchten? Der idiographische Psychologe hat sicherlich recht mit seiner Behauptung, daß solche Begriffe künstlich sind, doch kann dies schwerlich als Nachteil angesehen werden. Alle wissenschaftlichen Begriffe sind Artefakte, die der menschliche Geist erzeugt, um dem prima facie regellos erscheinenden Universum eine Ordnung zu geben und somit das Verstehen zu erleichtern und Voraussagen zu ermöglichen. Begriffe wie Wärme, Gravitation oder Magnetismus existieren nicht in der gleichen Weise wie Tische und Stühle oder Schweine und Kriechtiere. [...] Zwar sind es wissenschaftliche Begriffe, die im Rahmen einer wissenschaftlichen Theorie durchaus sinnvoll erscheinen, doch sind sie auf künstliche Art gebildet, und höchstwahrscheinlich wird man sie aufgeben, wenn andere, umfassendere und erfolgversprechendere Begriffe auftauchen. In dieser Hinsicht unterscheidet sich die Psychologie nicht von anderen Wissenschaften, und obwohl die obige Kritik als Aussage richtig ist, ist sie recht eigentlich keine Kritik; denn sie stellt nichts weiter fest als etwas, das als notwendiges Kriterium der wissenschaftlichen Begriffbildung zu gelten hat. Wenn man also etwa sagt, daß alle Menschen ungleich oder verschieden sind, so setzt dies eine Dimension oder Richtung voraus, in der diese Unterschiede manifest werden. Beispielsweise kann sich A von B in bezug auf so offenkundige Dimensionen wie Alter und Geschlecht, Größe und Gewicht, Höhe der Nase oder Länge der Beine unterscheiden. Oder es bestehen vielleicht Unterschiede in der Intelligenz, Extraversion, Musikalität, Ausdauer, dem Liebesverlangen und vieler anderer Variablen. Es ist sinnlos, einfach abstrakt zu behaupten, daß A und B Unterschiede aufweisen, wenn wir nicht zugleich auf die Natur dieser Unterschiede eingehen, und dies hat unter Rekurs auf Begriffe nach Art der gerade erwähnten zu geschehen. Mehr noch, wenn es wahr ist, daß sich zwei Leute im Hinblick auf eine jener Dimensionen unterscheiden, dann muß es gleichermaßen möglich sein, Ähnlichkeiten zwischen beiden festzustellen. Wenn ich mich von einem anderen Menschen hinsichtlich der Intelligenz oder Schönheit oder Libido unterscheiden kann, dann muß es auch möglich sein, zu sagen, daß meine Intelligenz oder Schönheit oder Libido in ihrem jeweiligen Grad oder Ausmaß der einer anderen Person ähnlich ist. Dies führt uns direkt zum Problem der Quantifizierung. Wenn wir über interindividuelle Unterschiede und Ähnlichkeiten mehr als nur verbale Aussagen machen wollen, so brauchen wir für jede Dimension, auf der bestimmte Individuen in unterschiedlichem Grade als ähnlich oder unähnlich erscheinen, einen speziellen Maßstab. Wenn wir über Intelligenzunterschiede exakte Angaben machen wollen, dann brauchen wir ein Maß der Intelligenz, das für die einzelnen Personen quantitative Resultate liefert, die sich in Aussagen über Unterschiede und Ähnlichkeiten ummünzen lassen. Im Alltag kommt es gewöhnlich nicht auf genaue Meßwerte an, doch wird unausgesprochen das nämliche Prinzip angewandt. Wir sagen doch auch, daß Mary hübscher ist als Jane, daß John intelligenter ist als Philip, daß Glen vitaler ist als Frank oder daß Michael und David gleich stark oder geschickt sind oder daß sie gleich schnell laufen können. Unter rein deskriptivem Aspekt läßt sich dies so ausdrücken: „Für den Wissenschaftler ist das Individuum in seiner Einmaligkeit nichts als der Schnittpunkt einer Reihe von quantitativen Variablen".

15.2 ‚Nomothetisch' als Alternative zu ‚idiographisch'

Das Verhältnis von ‚idiographisch' und ‚nomothetisch' spielte – was vom Gegenstand her nahe lag – in der Persönlichkeitspsychologie eine besonders wichtige Rolle. Während Stern (1911, s. Kapitel 10) für eine wechselseitige Komplementarität beider methodologischen Strategien plädierte, wird in den 50er Jahren dieses Verhältnis „Gegenstand einer zugespitzten Kontroverse" (Pawlik, K., 1994, S. XIV): Auf der einen Seite wurde die Auffassung vertreten, dass beide Ansätze aufeinander beziehbar und miteinander integrierbar seien (Beck, S. J., 1953), auf der anderen wurde die entschiedene Position propagiert, dass beide Ansätze sich gegenseitig ausschließen und es in der Forschung nur ein entweder – oder geben könne (Eysenck, H. J., 1954). Der Titel der Eysenckschen Entgegnung auf Beck mit dem abschließenden Ausrufezeichen signalisiert die Entschiedenheit. Einige der ironisch-polemischen Einwände Eysencks gegen Beck sollen in übersetzter Form wiedergegeben werden:

Die Wissenschaft von der Persönlichkeit: Nomothetisch!

Die Kluft (oder vielleicht, um einen emotional weniger belasteten Begriff zu verwenden, die Unterscheidung) zwischen nomothetischem und idiographischem

Herangehen an die Untersuchung der Persönlichkeit ist [...] grundsätzlicher und folgenreicher Art für die heutige Psychologie. [Beck meint,] dass jeder ernsthafte Versuch, die beiden entgegengesetzten Auffassungen miteinander in Einklang zu bringen und zu integrieren, ein verständnisvolles Gehör finden und von allen, die sich mit Persönlichkeit beschäftigen, aufmerksam geprüft werden sollte. Eine sorgfältige Prüfung der Vorschläge Becks bringt ans Tageslicht, dass dem Autor eine Menge von Irrtümern unterlaufen, die seinen Versuch einer Aussöhnung noch weniger akzeptierbar machen als es auf den ersten Blick scheint. [In der Folge skizziert Eysenck spezifische Details seiner Einwände. G.E.] Wir kommen jetzt zu unserer Schlussfolgerung. Beck beabsichtigte, nomothetisches und idiographisches Herangehen zusammen zu führen. Statt diese Begriffe in ihrem traditionellen Sinn zu verwenden, ist er komplett übergelaufen zu einer idiographischen Konzeption und hat traditionell nomothetische Verfahren umgetauft zu ,idiographischen'. Das trägt nicht zu einer Annäherung bei, wie sie Beck wünschte. Die wissenschaftlichen und die literarischen Auffassungen von der Persönlichkeit sind so verschieden und einander entgegengesetzt, dass nur eine Schlussfolgerung aus Becks Beitrag und seinem impliziten Rückzug auf eine idiographische Position zu ziehen ist, nämlich die Veränderung des Titels seines Artikels: Die Wissenschaft von der Persönlichkeit *muss* ihrem Wesen nach eine nomothetische sein (Eysenck, H. J., 1954, 339-342; Übersetzung: G.E.).

15.3 Faktorenanalyse als Methode der Wahl

Wenn die ,Wissenschaft von der Persönlichkeit' explizit nomothetisch ausgerichtet zu sein beansprucht, muss sie sich folgerichtig quantitativer Analyseverfahren bedienen. Das wichtigste dafür verwendete Verfahren war die 1904 von dem britischen Psychologen und Logiker Charles E. Spearman (1863 – 1945) im Zusammenhang mit der Intelligenzdiagnostik entwickelte Faktorenanalyse.[7] Eysenck verwendete die Faktorenanalyse erstmals in einer 1944 publizierten Arbeit über neurotische Persönlichkeiten. [8] Im Folgenden zitieren wir aus einer späteren Arbeit (1983) allgemeine Aussagen Eysencks zu den Funktionen der Faktorenanalyse und zur Veranschaulichung faktorenanalytischer Grundoperationen an einem konkreten Beispiel.

---

7   Spearman, Ch. E. (1904). General intelligence objectively determined and measured. *American Journal of Psychology, 15.* 201 – 233.

8   Eysenck, H.J. (1944). Types of Personality. A factorial study of 700 neurotics. *Journal of mental science, 90, 851 – 861.*

Typen-Eigenschafts- Theorien und Faktorenanalyse

Will man die Verknüpfung von individuellen Testvariablen zu Eigenschaften und die von Eigenschaften zu Typen studieren, so ist die *Faktorenanalyse* die Methode der Wahl. Denn mit ihrer Hilfe lassen sich Interkorrelationstabellen auf Regelmäßigkeiten hin untersuchen (z. B. Gruppen von hohen oder niedrigen Korrelationen ausfindig machen) und so die ungeheure Komplexität von unter Umständen Tausenden von Einzelkoeffizienten auf relativ einfache Faktorenmuster reduzieren. Gründet man die Untersuchung auf eine vernünftige „Theorie", so stellt sich gewöhnlich heraus, daß ein Großteil der Varianz durch einige wenige bedeutsame Faktoren „aufgeklärt" werden kann. Trotz dieser empirischen Tatsache darf man nicht übersehen, daß die Faktorenanalyse als solche zwar ein nützlicher Diener, aber ein schlechter Herr ist. Gerade hierüber hat es in der Vergangenheit viele Mißverständnisse gegeben, die zwangsläufig falsche oder gar mißbräuchliche Anwendungen nach sich zogen. Ohne Frage beruhen zahlreiche Einwände gegen faktorenanalytische Aussagen lediglich auf solcherart Fehlinterpretation. [...]

Tab. 1: Testfragen zu Extraversion und Neurotizismus (Short Extraversion and Neuroticism Inventory)

Fragen	Schlüssel
1. Fühlen Sie sich manchmal glücklich, manchmal bedrückt, ohne dafür einen Grund angeben zu können?	N
2. Erleben Sie häufig Stimmungshochs und -tiefs, sei es mit oder ohne ersichtlichen Grund?	N
3. Neigen Sie dazu, launisch zu sein?	N
4. Schweifen Ihre Gedanken oft ab, wenn Sie sich konzentrieren wollen?	N
5. Sind sie häufig „in Gedanken versunken", auch wenn Sie so tun, als würden Sie an der Unterhaltung teilnehmen?	N
6. Schäumen Sie manchmal vor Energie über, während Sie ein andermal sehr träge sind?	N
7. Ziehen Sie Handeln dem bloßen Planen vor?	E
8. Ist es Ihnen am liebsten, eine Aufgabe zu haben, die schnelles Handeln erfordert?	E
9. Ergreifen Sie gewöhnlich die Initiative, um neue Freunde zu gewinnen?	E
10. Sind Sie in Ihrem Tun zumeist rasch und sicher?	E
11. Halten Sie sich für einen lebhaften Menschen?	E
12. Wären Sie sehr unglücklich, wenn Sie keine Gelegenheit hätten, gesellschaftliche Kontakte anzuknüpfen?	E

Betrachten wir die 12 Testitems in *Tab*. 1. Die ersten sechs Fragen beziehen sich auf eine hypothetische Dimension namens „Neurotizismus" alias „Emotionalität" oder auch „Instabilität" (im Gegensatz zur emotionalen „Stabilität"), die zweite Sechsergruppe zielt auf eine hypothetische Dimension „Extraversion" (versus „Introversion"). *Tab*. 2 zeigt die Interkorrelationen aller zwölf Einzelwerte, und schon ein flüchtiger Blick läßt erkennen, daß die sechs Neurotizismusfragen wie auch die sechs Fragen zur Extraversion jeweils untereinander positiv – und zwar ziemlich hoch – korreliert sind, daß aber die Neurotizismusfragen keine signifikanten Korrelationen mit den Extraversionsfragen aufweisen. Aus den vorliegenden Interkorrelationsmustern können wir nun zwei Faktoren konstruieren, *E* und *N,* und darüber hinaus das Ausmaß berechnen, in dem jede gegebene Frage mit diesen zwei Faktoren korreliert. Die statistischen Methoden, mit denen diese Berechnungen ausgeführt werden, sind hier nicht relevant; es genügt, darauf hinzuweisen, daß sie auf gesicherten mathematischen Prinzipien gründen und für den Untersucher keinerlei große Schwierigkeiten darstellen. Halten wir zunächst fest, daß eine an sich recht unübersichtliche Tafel von 2 x 66 Korrelationskoeffizienten durch zwei – ganz rechts stehende – Spalten von je 12 Faktorenladungen (so nennt man die Korrelationen zwischen Testfragen bzw. -aufgaben und den eruierten Faktoren) ausgedrückt werden kann. Des weiteren sehen wir, daß die Tabelle der Faktorenladungen gegenüber der Unmenge der Einzelkoeffizienten ein beträchtliches Maß an *Ordnung* erbringt. Jedenfalls sind die in den zwei Spalten enthaltenen Zahlenwerte im ganzen überschaubarer als die Ausgangstabelle. Übrigens wurde letztere noch so angeordnet, daß zuerst die Interkorrelationen der *N-Items* und dann erst die der E-Items erscheinen, wodurch immerhin gewisse Trends erkennbar sind. Normalerweise ist die Reihenfolge der Items in einem Fragebogen völlig willkürlich, und die resultierenden Korrelationen lassen sich durch bloßes Betrachten kaum auf ein strukturiertes Muster zurückführen. Wir bemerken außerdem, daß die Faktoren weitgehend unserer ursprünglichen Hypothese (betreffend *E* und *N)* entsprechen. Und schließlich stehen uns mit den Ladungen quantitative Schätzungen der Werte jeder einzelnen Testfrage für die Messung der beteiligten Faktoren zur Verfügung. Alles in allem bietet uns also die Faktorenanalyse rein deskriptiv erhebliche Vorteile, und diese werden um so offensichtlicher, je umfangreicher der Fragebogen ist. In einer Tabelle der Interkorrelationen von 12 Testfragen mag es mit einiger Mühe noch möglich sein, ein eindeutiges Muster zu erkennen; nehmen wir jedoch einmal an, wir hätten eine – in der Praxis gar nicht so unwahrscheinliche – Tabelle von 250 Zeilen und Spalten, die sage und schreibe 2 x 31125 Korrelationskoeffizienten produzieren, so wäre es schlechterdings unmöglich, allein durch den Augenschein irgendeine Ordnung in jenen Wust von

Daten „hineinzulesen", und man bliebe für die Auswertung zwangsläufig auf ein statistisches Verfahren angewiesen. Aber selbst in einem Fall, in dem vier oder fünf Faktoren ausreichen, erhält man immer noch sehr viel einfachere und deutlichere Faktorenmuster, als sie in der komplexen Interkorrelationsmatrix erkennbar wären.

. 2: Interkorrelationen zwischen den in Tab. 1 angeführten Testfragen (Items) sowie Faktorenladungen auf E und N.

gen	Interkorrelationen												Faktorenladungen	
	1	2	3	4	5	6	7	8	9	10	11	12	E	N
		.65	.48	.38	.29	.50	-.04	.08	-.04	.09	-.07	.01	.01	.75
	.65		.60	.35	.27	.46	.01	.02	-.10	-.11	-.10	.05	-.06	.74
	.48	.60		.30	.25	.45	-.04	.02	-.06	-.15	-.15	.08	-.09	.71
	.38	.35	.30		.50	.31	.03	-.08	-.04	.17	-.04	.06	.02	.58
	.29	.27	.25	.50		.32	-.04	-.09	-.14	-.14	.17	.02	-.06	.58
	.50	.46	.45	.31	.32		.02	.12	.04	-.02	.07	.13	.09	.63
	-.04	.01	-.04	.03	-.04	.02		.40	.12	.17	.20	.16	.48	.00
	.08	.02	.02	-.08	-.09	.12	.40		.19	.38	.26	.21	.59	.04
	-.04	-.10	-.06	-.04	-.14	.04	.12	.19		.08	.44	.53	.59	-.06
	.09	-.11	-.15	.17	-.14	-.02	.17	.38	.08		.42	.13	.49	-.04
	-.07	-.10	-.15	-.04	.17	.07	.20	.26	.44	.42		.41	.68	-.02
	.01	.05	.08	.06	.02	.13	.16	.21	.53	.13	.41		.64	.09

(Eysenck, H.J., 1987 [1985])

Die Kontroverse zwischen ‚Phänomenologen' und ‚Operationalisten' (Wellek, A. vs. Eysenck, H. J., 1954 [1959]) **16**

Während sich in den USA die von G. W. Allport ins Leben gerufene trait-orientierte Persönlichkeitspsychologie (1937) in den 40er Jahren immer stärker auf die Anwendung quantitativer (faktorenanalytischer) Methoden und auf die Gewinnung nomothetischer Aussagen konzentrierte (s. Kap. 15), beherrschte noch bis in die 6oer Jahre in weiten Teilen Europas, insbesondere im deutschsprachigen Bereich, die sog. Phänomenologie und der auf subjektives Erleben und ‚Verstehen' basierende Zugang, meist in Form von sog. ‚Schichtenlehren', [9] die Szene (Rothacker, E. [1888 – 1965], Lersch, Ph. [1898 – 1957], Wellek, A. [1904 – 1972]).

Auf dem 17. Kongress der Internationalen Gesellschaft für wissenschaftliche Psychologie (IUSPs) in Montreal 1954 prallten beide Positionen scharf aufeinander. Im Rahmen eines international repräsentativ besetzten Symposiums zur Persönlichkeitspsychologie wurde eine lebhafte Kontroverse ausgetragen, die an polemisch-ironischen Untertönen nichts zu wünschen übrig ließ.[10] Hauptakteure

---

9 Rothacker, E. (1938). Die Schichten der Persönlichkeit. Bonn: Bouvier. 4. Aufl. 1948.
   Lersch, Ph. (1938). Aufbau des Charakters. München: Barth. 11. Aufl. 1970. (unter dem Titel ‚Aufbau der Person').
   Wellek, A. (1950). Die Polarität im Aufbau des Charakters. Bern: Francke. 3. Aufl. 1966.

10 In einer Nachbetrachtung schildert G. W. Allport seine Eindrücke vom ‚Klima' des Symposiums: „Eysenck drischt mächtig auf die ‚unwissenschaftliche' Charakterologie ein. Indem er das tut, drückt er aus, was viele (aber nicht alle) angloamerikanische Psychologen denken. Eysenck trägt keine Glacéhandschuhe; er erwartet wohl auch nicht, daß diejenigen, die nicht seiner Meinung sind, sie tragen. Er fordert Kontroverse heraus; und Kontroverse ist das sine qua non des psychologischen Fortschritts" (Allport, G. W., 1959).

waren auf Seiten der ‚Operationalisten' Hans Jürgen Eysenck, auf Seiten der ‚Phänomenologen' Albert Wellek.

16.1   Wellek, A.

Der phänomenologische und der experimentelle Zugang zu Psychologie und Charakterologie

Es ist die Absicht dieser Darlegungen, die Frage zu diskutieren, ob das angeblich voraussetzungslose Verfahren des Operationismus erstens wirklich voraussetzungslos und zweitens geeignet ist, alle, und zumal gerade die wesentlichsten, Probleme der Psychologie erfolgreich zu behandeln. Sollte diese Frage zu verneinen sein, so wird sich eine weitere Frage erheben, nämlich die: ob andere als operationistische Methoden in der Lage wären, die Lücke zu füllen, und ob diesen wissenschaftlich vertraut werden darf. Hierfür würde sich die in der europäischen Psychologie mindestens seit der Jahrhundertwende anerkannte phänomenologische Methode anbieten. Unter dieser ist nicht allein die alte Methode der Introspektion zu verstehen, sondern auch eine beschreibende und «verstehende» Erfassung von Gegenständen als solchen. In diesem Sinne kann eine nach innen gewandte, «subjektive» von einer nach außen gewandten, „objektiven" Phänomenologie unterschieden werden. Gerade die letztere, an die die heute wieder auflebenden Verfechter der Phänomenologie meist weniger denken, wird besondere Beachtung verdienen. Es wird nicht selten geltend gemacht, daß im besonderen in der Persönlichkeitstheorie und Charakterologie der Operationismus einfach deshalb nicht befriedigen könne, weil er die wichtigsten Tatbestände, ihrer Natur nach, nicht erfaßt. […]

Die Behauptung, das Beschreiben könne keine allgemein verbindlichen Ergebnisse erbringen – nichts «Objektives», intersubjektiv Gültiges -, ist selbst etwas Subjektives, d. h. ein unhaltbares Dogma.

Genau so, wie man richtig rechnen und falsch rechnen kann, kann man richtig und falsch *beschreiben*. Und genau so, wie die richtige Rechnung anerkannt werden muß, also allgemein verbindlich ist, genau so die richtige Beschreibung. Ein Gleiches gilt vom Verstehen, das im Feld der Psychologie vielfach mit zum Beschreiben gehört, aus diesem gar nicht herauszulösen und überdies das eigentliche Thema aller Psychologie ist. Aber auch abgesehen davon, spricht die Notwendigkeit und Legitimität der phänomenologischen Methode für sich selber. Zu sagen, über einen Gegenstand sei objektiv, transsubjektiv erst etwas ausgesagt, wenn man ihn gemessen habe, das widerspricht der alltäglichen Übung und Erfahrung. [...] Zu sagen, man könne Charaktereigenschaften oder Persönlichkeitsstrukturen erst dann als existent betrachten, wenn man sie mit spezifischen Tests «gemessen» habe, das bedeutet einen methodischen Leerzirkel. Nicht der Test sagt mir, was er mißt, sondern *ich* sage dem Test, was er mißt. Ein Test, der nicht auf einen schon vorweg bekannten Gegenstand (den er «messen» soll) abgestellt und zugeschnitten ist, mißt eine Unbekannte und kann mir nicht von sich aus sagen, wer oder was diese Unbekannte sei. Was der Test mißt, muß ich in ihn hinein interpretieren. Genau so, wie schon Cyril Burt von der Faktoranalyse sagte, daß man nichts aus ihr herausbekomme, was man nicht vorher in sie hineingelegt habe. Das heißt: auch die Interpretation der Resultate einer Faktoranalyse setzt Akte des Verstehens von Zusammenhängen und damit phänomenologische Einsichten voraus, die aus der Anschauung und ihrer Beschreibung gewonnen sind. Der Glaube an eine existenzkonstituierende Magie der Zahl und der Messung ist genau so ein magischer Aberglaube wie anderer Aberglaube auch. Die Messung geht nicht dem Dasein voraus, sondern das Dasein der Messung. Gewiß kann es vorkommen, daß man etwas mißt, ohne recht zu wissen, was es ist. Aber dann werde ich durch die Messung *auch* nicht erfahren, was es ist. Die Messung wird mir wohl eine Zahl liefern, aber keinen Inhalt. Allgemeiner gesagt: die Messung ist eine formale, keine inhaltliche Bestimmung. Die inhaltliche Bestimmung muß allemal hinein interpretiert werden und ergibt sich nicht aus der Messung selbst als Messung, sondern bedarf des Verstehens, d.h. der Einsicht in Zusammenhänge – welche Einsicht nicht meßbar und nicht durch Rechnungen zu ersetzen ist. Es ist Aufgabe der Psychologie, den Menschen zu lehren, sich selbst und andere besser zu verstehen. Verstehen aber setzt Phänomenologie voraus, ja, ist selbst ein phänomenologischer Akt: ein *Erlebnis*. [...] Eine Psychologie ohne die phänomenologische Methode ist keine Psychologie und überhaupt keine in sich befriedigende und (relativ) abschließbare Wissenschaft. [...] Es ist ein methodologischer Zirkel zu sagen, daß Charakterzüge und Persönlichkeitsstrukturen nur als existent betrachtet werden können, soweit sie durch Tests «meßbar» werden. Ein Test, der nicht auf einen schon vorher bekannten Gegenstand zielt und zugeschnitten ist, mißt eine Unbekannte und kann nicht von sich aus angeben, was dieses Unbekannte ist. Die phänomenologische Methode ist zwar *ex deftnitione* nicht exakt im Sinne der anorganischen Naturwissenschaften, nichtsdestoweniger aber in dem Sinne objektiv, daß sie, richtig gehandhabt, intersubjektiv gültige Einsichten erbringt. Das heißt, sie ist die Methode der Geisteswissenschaften, aber auch der beschreibenden Naturwissenschaften, und verbindlich, so wie die Erkenntnisse der Geisteswissenschaften und der beschreibenden Naturwissenschaften verbindlich sind. Eine Psychologie ohne Beteiligung dieser geisteswissenschaftlichen Methode ist keine Psychologie.

16.2   Eysenck, H. J.

Behauptungen, die nur durch rein philosophische Argumentation und Spekulation begründet-sind, können nicht akzeptiert werden; wir brauchen eine ins einzelne gehende Diskussion der experimentellen Literatur und eine faire und unparteiische Würdigung des Beweismaterials. Dies haben Wellek, Lersch und die anderen nicht getan; bevor sie nicht ihren Pflichten ernsthafter nachkommen und ihre Folgerungen unter Einbeziehung aller verfügbaren Erkenntnisse begründen, kann man sie nur cum granu salis nehmen. Dies Versäumnis, die experimentelle Literatur in Rechnung zu ziehen oder ihre Existenz auch nur zu bemerken, führt Wellek dahin, Punkt für Punkt als erwiesen anzusehen und eine beträchtliche Menge tatsächlicher Erkenntnisse außer acht zu lassen. […] So scheinen Welleks Anschauungen im großen und ganzen darauf zu beruhen, daß er den behavioristischen Standpunkt nicht versteht und die Forschungsergebnisse, die zur Beurteilung seiner Behauptungen relevant sind, ignoriert. Aber vielleicht noch fundamentaler als irgendeiner dieser Einwände ist ein Unterschied in der Zielsetzung, der offenkundig wird. Wellek behauptet, daß es die Aufgabe der Psychologie sei, Menschen zu lehren, sich selbst und andere besser zu verstehen. *Dies* ist nicht das Ziel der wissenschaftlichen Psychologie, wie sie von den meisten angelsächsischen Forschern auf diesem Gebiete aufgefaßt wird. Ihr Ziel *ist* es, das Verhalten in Form allgemeiner Gesetze – vorzugsweise mathematisch formuliert – zu erklären und das Verhalten durch Veränderung der Bedingungen, die es bestimmen, zu kontrollieren. […]
Aus diesen Betrachtungen folgt, daß die Art von Therapie, welche für die „verstehende" Psychologie angemessen ist, von der Art von Theorie, welche die erklärende Psychologie benötigt, völlig verschieden sein wird. Die Art von Theorie, welche von dem erklärenden Psychologen gefordert wird, muß begrifflich klar sein, operational definierte Begriffe anwenden und strenge Deduktionen vorzunehmen und zu prüfen erlauben; ihr Erfolg oder ihr Versagen wird nach dem Eintreffen bzw. Ausbleiben von vorhergesagten Konsequenzen beurteilt. Mit zunehmender Häufung der Daten wird sie sich beständig in einem Stadium der Revision befinden, und unter gewissen Umständen sollte sie vollständig verworfen und insgesamt durch eine andere Theorie ersetzt werden. Mit anderen Worten: eine psychologische Theorie würde einer physikalischen Theorie hin-

sichtlich der Anforderungen an die Präzision der Behauptungen, an die Strenge der Deduktionen und an die experimentelle Prüfung genau analog sein. Solch eine präzise und quantitativ entwickelte Theorie aber würde für den „verstehenden" Psychologen das Anathema sein. Seinen Zwecken wird am besten durch eine philosophische Art der Spekulation gedient, in welcher die Ausdrücke vage, schlechtdefiniert und nebelhaft sin, in der alle Anstrengungen zur Erlangung operational definierter Begriffe vermieden werden und in der prüfbare Deduktionen irgendwelcher Art nicht vollzogen werden können. [...]

Wissenschaft erfordert etwas mehr als eine gelegentliche korrekte Vorhersage, und dieses Mehr gerade fehlt in den Arbeiten der Psychologen, welche die Schichtentheorie und die Charakterologie im allgemeinen tragen und verteidigen. Solange die Diskussionen nicht näher an die Ebene der Tatsachen heranreichen und auf experimentelle Daten, auf Probleme der Reproduzierbarkeit und der Repräsentativität, auf tatsächliche Vergleiche der Vorhersagen aus konkurrierenden Theorien Bezug nehmen, solange müssen diese Ansichten eher als philosophische Spekulationen denn als Beiträge zur wissenschaftlichen Psychologie angesehen werden.

Persönlichkeit als Prozess und Individualität (Thomae, H., 1959 [1954]; 1988 [1968])   **17**

17.1   Persönlichkeit als Prozess

Abseits von der scharfen Kontroverse zwischen ‚Phänomenologen' und ‚Operationalisten' (Kap. 16) griff der damals gerade zum Professor in Erlangen berufene Hans Thomae (1915 – 2001) einen nach seiner Meinung vernachlässigten Aspekt persönlichkeitspsychologischer Forschung auf, nämlich das Verständnis von Persönlichkeit als Prozess. Dieses Verständnis impliziere Persönlichkeits*veränderung*. Für die Forschung heiße dies, die individuell jeweils spezifische ‚Verlaufsstruktur von Lebensentwicklungen' zu untersuchen. Dazu bedürfe es phänomenologischer ‚Feldarbeit'.

> **Persönlichkeit als Prozess**
>
> Die Frage der Veränderung der Persönlichkeit (oder des Charakters) beim normalen, geistig gesunden Individuum infolge bestimmter endogener oder exogener Einflüsse tritt in den meisten charakterologischen Ansätzen gegenüber anderen Aspekten zurück. Dies ist nicht nur innerhalb der konstitutionstypologisch oder erbbiologisch orientierten Arbeitsrichtungen der Persönlichkeitsforschung [...] der Fall, wo man [...] die Konstanz der ermittelten Persönlichkeitseigenschaften zu überschätzen geneigt ist. Auch jene Schulen, welche die Umweltabhängigkeit der bestimmenden Eigenschaften eines Menschen stärker betonen, [...] neigen dazu, die in einer Erwachsenenpersönlichkeit vorfindbaren Qualitäten als mehr oder minder unveränderliche, höchstens therapeutisch

umstellbare Konstanten anzusehen, Aber auch vorzugsweise phänomenologisch orientierte bzw. völlig intuitiv verfahrende Persönlichkeitstheorien, welche keine ausdrückliche Stellungnahme in bezug auf die Rolle erbbiologischer Faktoren beim Persönlichkeitsaufbau enthalten, [...] klammern die Möglichkeit einer Veränderung weitgehend aus. [...] Gerade hier muß jedoch eine wirkliche Besinnung über das Problem der Persönlichkeitsänderung einsetzen. [...]
Der Begriff der «Persönlichkeitsveränderung» kann [...] sinnvollerweise nur auf Tatbestände angewandt werden, die folgenden Bedingungen genügen:

1. Es muß sich dabei um Änderungen an einem relativ konstanten Gefüge von Eigenschaften, Verhaltensweisen, Erlebnisformen, Motivationsstrukturen usf. handeln.
2. Es muß sich um Änderungen handeln, deren Ergebnis selbst eine gewisse Dauer aufweist.
3. Es müssen Änderungen nicht nur an Partialeigenschaften oder Partialreaktionen festzustellen sein, sondern solche, die einen mehr oder minder weiten Bereich des Gefüges affizieren.

[...] Unter «Persönlichkeit» verstehen wir allgemein den «individuellen Aspekt des Menschseins», konkreter: den Inbegriff einer zum Sinngebilde der Individualität integrierten Reihe von Ablaufsgestalten oder Prozessen.

Persönlichkeitsänderung und Persönlichkeitsentwicklung

Man kann einwenden, daß sich mit dem derart umrissenen Problem der Persönlichkeitsänderung im Grunde doch die ganze Entwicklungspsychologie befasse. [...]
Deshalb versteht es sich auch von selbst, daß eine Persönlichkeitstheorie, welche vom aktuellen Geschehen in der Persönlichkeit und nicht von Abstraktionen ausgeht, notwendig genetische Persönlichkeitstheorie sein muß. Dementsprechend stellt auch die entwicklungspsychologische Forschung ein wesentliches Fundament für eine Lehre von den Persönlichkeitsveränderungen dar. Insbesondere die Arbeitsmethoden der Längsschnittuntersuchung haben gezeigt, wie man sowohl die konstanten wie die variablen Bereiche der Persönlichkeit in den Griff bekommen kann. [...] Diese «Logik» vieler Ansätze der modernen Persönlichkeitsforschung läßt außer acht, daß eine wirklich fruchtbare Kausalforschung hinsichtlich des Zusammenhangs von endogenen bzw. exogenen Faktoren und möglichen Persönlichkeitsänderungen nicht ohne gründliche phänomenologische Vorarbeit geleistet werden kann. Man kann letzten Endes gar keine

Feststellung über die Einwirkung bestimmter frühkindlicher Erfahrungen treffen, wenn man nicht ein System von Kategorien für die Erfassung der möglichen Abläufe und Änderungen innerhalb einer Persönlichkeitsentwicklung besitzt. [...] Insofern kann die phänomenologische Forschung über die Verlaufsstruktur von Lebensentwicklungen in Populationen, die durch eine gemeinsame Erfahrung oder ein gemeinsames Schicksal ausgezeichnet sind, auch ohne weiteres in die Bedingungsanalyse der Persönlichkeitsänderung übergehen. Zu den Erfordernissen für den Fortschritt derartiger Untersuchungen gehört freilich die Überzeugung, daß empirische Arbeit hinsichtlich der Untersuchung der Lebensentwicklung des Menschen nicht unbedingt auf das Labor beschränkt sein müsse, sondern auch durch methodisch gesicherte «Feldarbeit» geleistet werden könne. Denn nur das Studium von Menschen in der aktuellen Auseinandersetzung mit ihrer Welt belehrt uns über echte Verlaufsstrukturen und etwaige Änderungen in diesen Verlaufsstrukturen.

17.2 Persönlichkeit als Individualität

Für Thomae kommt sowohl in gegenstandsbezogener als auch in methodischer Hinsicht dem Merkmal ‚Einzigartigkeit' der Persönlichkeit ein zentraler Stellenwert zu. Diesem Stellenwert wird nach seiner Ansicht der Ansatz einer ‚psychologischen Biographik' am ehesten gerecht (erster Entwurf bereits 1952, Präzisierungen 1968 und 1988). Innerhalb dieses im Grunde genommen ‚idiographischen' Ansatzes (Beziehung der je einzelnen Person zu ihrer ‚Welt') komme die „ganze Vielfalt" psychologischer Methoden (also auch nomothetisch orientierter) zur Anwendung. Insofern ergebe sich eine „Kooperation nomothetischer und idiographischer Arbeitsweisen" (Thomae, 1988).

Notwendigkeit einer Kooperation zwischen idiographischer und nomothetischer Orientierung

Alle diese Feststellungen [zur Anwendbarkeit des Experiments, G.E.] bedeuten nicht, daß irgend ein Zweifel an der Notwendigkeit experimenteller Forschung in der Psychologie bestünde. In vielen Bereichen der Grundlagenforschung ist sie unerläßlich. Da wir aber zur experimentell kontrollierten Untersuchung psychologischer Phänomene deren Komplexität notwendigerweise reduzieren müssen, weil wir sie zu »verstümmeln« genötigt sind, bedarf es *auch* einer Methodik, die sich an dem Leitsatz einer möglichst unverkürzten Annäherung an psychische Phänomene orientiert. Als eine solche Methode wurde eine »Psychologische Biographik« vorgeschlagen und ihre Arbeitsweise als Synthese von idiographischer und nomothetischer Orientierung bezeichnet [...]. Damit wurde die Konfrontation von verschiedenen Methodengruppen oder gar von verschiedenen Psychologien aufgegeben und der fast ein Jahrhundert alte Konflikt zwischen verschiedenen Schulen als ein notwendiger Konflikt zwischen zwei verschiedenen Normen charakterisiert, den *jeder* Psychologe bei der Planung, Durchführung und Auswertung einer Untersuchung auf seine Weise lösen muß. Die idiographische Norm ist durch die möglichst adäquate Annäherung an »die mächtige Inhaltlichkeit des Seelischen« (Dilthey, 1894), die »nomothetische« durch die Berücksichtigung jener Regeln und Erfordernisse definiert, welche die Voraussetzung einer Generalisierung der gewonnenen Beobachtungen – wenn auch u.U. in beschränktem Umfang – erlauben. Im Gegensatz zur Geschichtswissenschaft oder zur Literaturgeschichte kann es niemals das Ziel psychologischer Biographik sein, einzelne Lebensläufe in ihrer Einmaligkeit zu erfassen, sondern in ihnen gewisse Gemeinsamkeiten zu entdecken. Die Kooperation nomothetischer und idiographischer Arbeitsweisen wird m.E. auch durch die Geschichte der Bearbeitung vieler psychologischer Probleme auf experimenteller Basis nahegelegt. Während man vor einhundert Jahren noch mancherorts glaubte, in wenigen Jahrzehnten alle psychologischen »Gesetze« ermittelt zu haben, die seelische Prozesse bestimmen, wenn Watson (1930) vor mehr als einem halben Jahrhundert prophezeite, mit seinen Methoden jedes Baby zum Genie konditionieren zu können, wenn Eysenck (1957) die Gesetze von C.L. Hull als ebenso ehern und ewig gültig darstellte wie die physikalischen Gesetze des Falles, so wurde hier doch jede Hoffnung zerstreut und jede Erwartung mußte korrigiert werden.

17.3   Bemerkung zur Faktorenanalyse

Thomae plädiert für einen Methodenpluralismus und kritisiert Monopolansprüche nur einer Methode, wie etwa – angeblich (?) – der Faktorenanalyse.

Es ist nicht möglich, auf den von Thurstone und anderen ausgehenden faktorenanalytischen Ansatz zur Persönlichkeitsforschung hier in extenso einzugehen. Der These, daß dieser Ansatz den einzigen wissenschaftlichen Zugang zum Studium der Persönlichkeit eröffne, muß man jedoch die einander sehr widersprechenden Ergebnisse entgegenhalten, die von den verschiedenen Autoren dieser Arbeitsrichtung erzielt wurden. Nach McKinnon wurden von den einzelnen Faktorenanalytikern bisher 50 verschiedene Faktoren des Persönlichkeitsaufbaus ermittelt, eine Zahl, die dann auf dem Wege einer Mehrheitsentscheidung auf 7 reduziert, von Cattell, Eysenck und anderen in neuerer Zeit aber wieder beträchtlich erhöht wurde. Wenn die Faktorenanalyse überhaupt Wert darauf legt zu zeigen, daß die von ihren Anhängern aufgewiesenen Faktoren keine bloßen Laboratoriumsprodukte sind, wird sie gut daran tun, jeden anderen empirischen Forschungsansatz neben dem eigenen zu begrüßen und als Kontrollmittel der eigenen Befunde zu benutzen. Dies gilt insbesondere von jeder Form biographischer, casuistischer und longitudinaler Forschungsmethoden, die von allen Faktorenanalytikern bisher ausgeklammert werden. Die Folge davon ist ein Glaube an die Unveränderlichkeit ihrer ja nur in einem einzigen Persönlichkeitsquerschnitt ermittelten Persönlichkeitsfaktoren, der diese zu „Vermögen" oder „Radikalen" im Sinne der Erbtheorie macht.

Der Weg von solchen Radikalen zu einer Art „Erbmythologie" ist nicht weit. Wie etwa manche Interpretationen von Eysenck zeigen.

17.4 „Subjektiver Lebensraum"

Den psychologischen Gesamtkontext, in den die Beziehung ,Individuum' – ,Welt' eingebettet ist, nennt Thomae – in Anlehnung an K. Lewin und E. Brunswik – ,subjektiver Lebensraum'.

Als sinnvollste Bezeichnung für die Gesamtheit der Aspekte, in denen eine bestimmte Lebenslage kognitiv repräsentiert ist, erscheint uns der Begriff des »subjektiven Lebensraumes«. Das Konzept des »Lebensraumes« wurde von Lewin (1943) als Bezeichnung für die »Person und die psychologische Umgebung, so wie sie für sie existiert« [...], umschrieben, an gleicher Stelle aber sogleich auch auf »Bedürfnisse, Motivation, Stimmung, Ziele, Ängstlichkeit und Ideale« bezogen. Kognitive Prozesse und Repräsentationen werden einer »Grenzzone des Lebensraumes« zugeordnet, während den motivationalen Variablen eine eher zentrale Position zugeschrieben wird. Brunswik (1952) hat in einer Diskussion über die Lewin'sche Feldtheorie dagegen eine Umschreibung des Begriffes »Lebensraum« gegeben, die sich noch besser als Oberbegriff für alle kognitiven Repräsentationen eignet. Er lokalisierte den »Lebensraum« als >postperceptud< und als >pre-behavioral<. Allerdings sollte man die letzten Phasen der perzeptiven Prozesse noch dem »Lebensraum« zuordnen. [...] In einem

Versuch zur Integrierung dieser Beiträge von Lewin und Brunswik möchten wir den Terminus »*subjektiver Lebensraum*« vorschlagen und ihn als die *Gesamtheit der in einem bestimmten Augenblick für ein Individuum gegebenen kognitiven Repräsentationen seiner Lebenssituation* definieren. Mit der Betonung der Augenblicksbezogenheit des subjektiven Lebensraumes tragen wir der Tatsache Rechnung, daß je nach Änderungen der inneren oder äußeren Situation Änderungen in den kognitiven Repräsentationen eintreten können. Auf der anderen Seite soll mit dieser Betonung der Gegenwartsbezogenheit des subjektiven Lebensraumes nicht übersehen werden, daß dieser nicht nur in räumlicher, sondern auch in zeitlicher Hinsicht extendiert ist, d.h. also auch eine Vergangenheits- und Zukunftsperspektive besitzt.

17.5   ‚Kognitive Repräsentation'

Hinzu kommt in späterer Zeit die Betrachtung der Beziehung ‚Individuum' – ‚Welt' – unter dem Aspekt kognitiver Repräsentationen, so dass Thomae letztlich seine Konzeption als „biographisch fundierte kognitive Persönlichkeitspsychologie" (1988, 13 ff.) bezeichnet.

Die kognitive Repräsentation [von] konkreten individuellen Welten entsteht […] im Mittelpunkt einer biographisch fundierten Persönlichkeitstheorie, wie sie in diesem Band vorgelegt wird. Solche kognitiven Repräsentationen sind zwar […] der realen Situation meist angenähert. Aber die noch aufzuzeigenden Unterschiede in der Repräsentation vergleichbarer Situationen wie etwa Schwangerschaft oder Arbeitslosigkeit durch verschiedene Personen oder Gruppen verweisen darauf, daß kognitive Repräsentationen nicht einfache Spiegelbilder der äußeren Situationen sind. In vielen der interindividuellen oder gruppenspezifischen Unterschiede zeigt sich der Einfluß von unterschiedlichen »thematischen Strukturen« auf den kognitiven Strukturierungsprozeß und damit die Notwendigkeit, in einer kognitiven Persönlichkeitstheorie auch motivationale Variablen zu berücksichtigen.

Die Persönlichkeit als Subjekt ihrer Entwicklung (Mischel, W., 1968; Bandura, A., 1977)

18.1 Grundsätzliche Infragestellung des trait-Konzepts

Mit seinem Buch ‚Personality and Assessment' (1968) eröffnete Walter Mischel (geb. 1930) eine Entwicklungslinie in der Persönlichkeitspsychologie, die sich in grundsätzlicher Weise von den trait-Theorien kritisch abhebt. Nach Mischel seien traits nicht hinreichend als Prädiktoren von konkreten Verhaltensweisen geeignet. Um Verhalten wirklich zu erklären, müsse man vielmehr das Zusammenspiel (‚interaction') von Personvariablen und situativen Variablen erforschen. Die Persönlichkeit organisiere aktiv auf kognitiver Basis diese Interaktion. [11]

---

11 ‚Personvariablen' sind nicht zu verwechseln mit ‚traits'. Mit den ‚Personvariablen' trägt Mischel der Tatsache Rechnung, dass und wie Personen Situationen spezifisch wahrnehmen, verarbeiten, deuten und verhältnismäßig widerspiegeln. Aus Kürzungsgründen übernehmen wir die von Fisseni (2003) gegebene Zusammenfassung der von Mischel (1981, 12 ff.) aufgelisteten Personenvariablen:

„1. Individuen bilden *Kompetenzen aus, um in unterschiedlichen Situationen unterschiedlich zu handeln,*

2. *verfügen über unterschiedliche Strategien, ihre Umgebung zu kategorisieren,*

3. *entwickeln unterschiedliche Erwartungen über die Folgen ihrer Handlungen,*

4. *bestimmen den subjektiven Wert von Handlungsfolgen höchst unterschiedlich,*

5. *strukturieren und regulieren selber ihre Umgebung in unterschiedlichem Maße mit"* (Fisseni, 2003, 448).

Die Charakterisierung von Individuen mit den üblichen Wesenszugdimensionen (wie etwa „Gewissenhaftigkeit" oder „Soziabilität") sorgte für nützliche allgemeine Zusammenfassung ihres durchschnittlichen Verhaltensniveaus, übersah aber, wie mir schien, die auffallende Differenziertheit, die oftmals bei derselben Person zu entdecken ist, wenn man sie über einen längeren Zeitraum und situationsübergreifend beobachtet. Könnte dieselbe Person, die im Familienvergleich einfühlsamer, freigiebiger und hilfsbereiter ist als die anderen Mitglieder, in einem anderen Kontext weniger einfühlsam und weniger altruistisch als die meisten Menschen sein? Wäre es möglich, daß diese situationsbezogenen Variationen bedeutungsvolle stabile Muster sind, welche die Person dauerhaft charakterisieren und nicht nur zufällige Schwankungen aufzeigen? Wenn ja, wie könnte man sie verstehen und was spiegeln sie wider? Könnte es sich lohnen, sie bei der Persönlichkeitseinschätzung zur Konzeptionalisierung der Stabilität und Flexibilität menschlichen Verhaltens und menschlicher Qualitäten mit einzubeziehen? Diese Fragen begannen in mir zu bohren, und der Versuch, sie zu beantworten, wurde für den Rest meines Lebens zu einem wesentlichen Ziel.

18.2   Spezielle Begründung der Kritik am trait-Konzept

In einem späteren Werk (‚Introduction to Personality', 1971, 5. Aufl. 1993) präzisiert Mischel sein Unbehagen, indem er in stichwortartiger Kürze die wichtigsten inhaltlichen und methodischen Kernpunkte seiner kritischen Einwände gegen die trait-Theorien auflistet:

* „Fehlen theoretischer Konzepte, die Verhalten psychologisch *erklären*
* Testergebnisse und Messverfahren gestatten keine Generalisierung
* Schwierigkeiten bei der Erklärung und Vorhersage von Verhalten, insbesondere für Einzelfälle
* Unterschätzung der Bedeutung von Situationen
* Unterschätzung der Bedeutung von sozialem Lernen und Erfahrung"

(Mischel, W. 1971, 5. Auflage, 1993, S. 222, Übersetzung: G.E.)

Im gleichen Werk gibt Mischel eine kurze, die wesentlichen Punkte bezeichnende Zusammenfassung des ‚Social cognition approach'. Diese Konzeption versteht sich als Gegenentwurf nicht nur zur trait-Auffassung, sondern auch zu sog. psychodynamischen (Freud u.a.) und orthodox-behavioristischen (J.B.Watson u.a.) Strömungen. Dagegen gehen in Mischels Zusammenfassung Vorstellungen ein, mit denen A. Bandura (geb. 1925) in dem Buch ‚Social Learning and Personality' den Grundstein für eine sozial-kognitive Lerntheorie legte.

1. In den letzten zwei Jahrzehnten hat sich ein neuer Zugang zur Untersuchung der Persönlichkeit entwickelt, der sowohl von der Verhaltenstheorie als auch von ‚kognitiven Revolutionen' in der Psychologie beeinflusst wurde. Die als ‚kognitiv-sozial' bezeichnete Perspektive versucht, die kognitiven und sozialen Prozesse zu verstehen, die der Persönlichkeit zugrunde liegen und sich in individuellen Verhaltensunterschieden äußern.

2. Die kognitiv-soziale Sichtweise begann sich in einer Zeit zu entwickeln, als der Bereich der Persönlichkeit auf drei Richtungen verteilt war: Freud, die Vertreter der breiten Eigenschaftsdimensionen der Persönlichkeit und die strengen Behavioristen. Um 1968 kamen ernstzunehmende Fragestellungen über die Leistungsfähigkeit der traditionellen trait-Theorien und der psychodynamischen Perspektiven bei der Betrachtung der Individuen auf. Die streng behavioristische Sichtweise wurde mit einer prinzipiellen Alternative konfrontiert und in ihre Schranken verwiesen.

3. Eine Reihe von Befunden legt die Notwendigkeit einer mehr kognitiven Betrachtungsweise auf soziales Verhalten und Persönlichkeit nahe. Beispielsweise wurde klar, dass menschliche Leistung entscheidend verbessert wird durch das Bewusstwerden der ‚Regeln', die die Verhaltensresultate beeinflussen. Seit der frühen Kindheit scheinen Menschen aktiv ihre eigenen persönlichen Theorien über sich selbst und ihre Umgebung zu bilden, und diese Theorien beeinflussen ihr Verhalten. Andere Untersuchungen belegen, dass durch die ‚kognitive Verarbeitung' eines Reizes schon Kleinkinder ihre eigenen Reaktionen durch die Veränderung, wie sie Begebenheiten wahrnehmen, entscheidend umändern können. Alle diese Befunde belegen die Wichtigkeit der Kognition für das Verständnis sowohl sozialer als auch individueller Persönlichkeitsunterschiede.

4. Albert Bandura betont die Wichtigkeit des Lernens durch Beobachtung oder des Modellierens, die weiterhin von grundlegender Bedeutung sind für den Erwerb sozialen Verhaltens. Diese Art von kognitivem Lernen umfasst vier Prozesse: Aufmerksamkeit, Behalten, Reproduktion und Motivation.

5. Aufgrund zunehmender klinischer Erfahrung begannen viele Verhaltenstherapeuten, die Rolle mentaler Prozesse bei der therapeutisch angezielten Verhaltensänderung zu betonen. Sie begannen nicht nur das problematische Verhalten selbst, sondern auch die Denkprozesse, die den unangepassten Verhaltensweisen und den Persönlichkeitsproblemen zugrunde liegen und diese verstärken, in Betracht zu ziehen.

6. Bei der Neuformulierung des Persönlichkeitsbegriffs mittels kognitiv-sozialer Kategorien wurde ein System von Person-Variablen bestimmt, das individuelle Unterschiede mit solchen Dimensionen erklärt wie Enkodier-Strategien (wie wird ein Individuum eine Situation „kognitiv" bewerten?), Erwartungen unterschiedlicher Art, subjektive Wertigkeit, Selbstregulierung, Kompetenzen. Eine Form von Erwartung, die Selbstwirksamkeit, betrifft das Vertrauen einer Person in ihre Leistungsfähigkeit. Man stellte fest, dass zur therapeutischen Steigerung der Selbstwirksamkeits-Erwartungen Leistung, Ausdauer und Motivation wesentlich zu verbessern sind. *Selbstregulationssysteme* beziehen sich auf die Art und Weise, wie Individuen sich selbst regulieren und wie sie die von ihren Maßstäben, Plänen und Normen bestimmte Ziele verfolgen. *Kompetenzen* beziehen sich auf individuelle Unterschiede bezüglich der menschlichen Fähigkeit, neue Denk- und Verhaltensweisen aus ihrem verfügbaren Wissen und ihrer Erfahrung zu erzeugen.

7. Die kognitiv-soziale Orientierung weist verschiedene Schwerpunkte auf. Beim *kognitiven* Schwerpunkt geht es darum, wie Individuen Informationen über sich selbst und die Welt auswählen und verarbeiten. Der *sozial-interpersonale* Schwerpunkt thematisiert die dauerhaften und person- und situationsübergreifenden sozialen Verhaltensmuster von Menschen. Der *behaviorale* Schwerpunkt bemüht sich darum, das ‚Warum' und das ‚Wann' von Handlungen durch Prüfung der mentalen Prozesse, die individuellen Unterschieden im Sozialverhalten über verschiedene Situationen und Kontexte hinweg zugrunde liegen, zu verstehen. Beim Schwerpunkt ‚*humanes Potential*' versuchen die Forscher zu erkunden, wie Menschen ihr Potential wirksamer und kreativer im Umgang mit ihrer psychologischen Umwelt nutzen können. Der Schwerpunkt ‚*reziproker Interaktionismus*' betrifft das Faktum, dass die einem Menschen eigenen kognitiv-sozialen Eigenschaften und die Handlungen, die sie hervorbringen, ständig mit einem reziproken Prozess wechselseitiger Beeinflussung im Zusammenhang stehen. Der Schwerpunkt ‚*Selbst-Regulation*' betrifft die Annahme, dass Menschen ihr eigenes Verhalten kontrollieren und steuern, indem sie ihre Umweltbedingungen aktiv gestalten, sofern sie in einem kontinuierlichen dynamischen Tätigkeitsprozess gestaltbar sind. (Mischel, W., 1971, 5. Auflage 1993, 416f, Übersetzung: G.E.)

18.4 Anthropologische Grundüberzeugungen der ‚Situationisten' (Mischel, Bandura)

Um ein vertieftes Verständnis für das Anliegen der sozial-kognitiven Persönlichkeitspsychologie zu gewinnwn, ist es sinnvoll, die *anthropologischen Grundüberzeugungen* ihrer wichtigsten Protagonisten zu beleuchten. Sowohl W. Mischel als auch A. Bandura haben sich explizit über die „menschliche Natur" als Subjekt ihrer eigenen Entwicklung geäußert:

18.4.1 Mischel, W.

Es ist das Bild vom Menschen als einem aktiven, wachen Problemlöser, der fähig ist, aus einem großen Erfahrungsschatz und kognitiven Fähigkeiten zu profitieren, der ein Potenzial für das Gute und für das Schlechte hat, der aktiv seine psychologische Welt konstruiert und seine Umgebung beeinflusst, aber ebenso in gesetzmäßiger Weise von ihr beeinflusst wird ... Dieses Bild vom Menschen ist weit entfernt vom Spannungsreduktionsmodell, den statischen Wesenszügen und den automatischen Reiz-Reaktions-Verbindungen der traditionellen Persönlichkeitstheorien. Dieses Bild steht im Gegensatz zu den Verkürzungen aller Theorien, die das Verhalten als das ausschließliche Resultat von einigen Determinanten sehen, ob diese nun Gewohnheiten, Wesenszüge, Triebe, Verstärker, Konstrukte, Instinkte oder Gene sind und ob sie innerhalb oder außerhalb der Person angesiedelt sind (Mischel, W., 1976, 253; deutsche Übersetzung bei Pervin, L.A., et al., 2005, 523).

18.4.2 Bandura, A.

Die Erkenntnis, daß Menschen die Fähigkeit zur Selbststeuerung besitzen, war der Anlaß, entsprechende Forschungsparadigmen zu schaffen. In diesen werden die Individuen selbst als die treibende Kraft ihrer eigenen Veränderung aufgefaßt. Die sozial-kognitive Lerntheorie versucht menschliches Verhalten unter der Annahme einer ständigen Wechselwirkung zwischen kognitiven Determinanten, Verhaltensdeterminanten und Umweltdeterminanten zu erklären. In diesem Prozeß wechselseitiger Determinierung liegt für die Menschen die Möglichkeit, ihr Geschick zu beeinflussen; dort liegen aber auch die Grenzen ihrer Selbststeuerung. [...]

Ein […] Merkmal der sozial-kognitiven Lerntheorie ist die besondere Rolle, die sie der Selbststeuerung einräumt. Durch ein entsprechendes Arrangement der Umweltreize, durch die Ausbildung kognitiver Hilfen und durch selbstgeschaffene Handlungskonsequenzen sind Menschen in der Lage, ihr Verhalten in gewissem Ausmaße selbst zu kontrollieren. Natürlich werden die selbstregulierenden Funktionen durch äußere Einflüsse in Gang gesetzt und gelegentlich auch von außen unterstützt. Doch selbst wenn der selbstgeschaffene Einfluß äußere Ursprünge hat, widerspricht dies nicht der Tatsache, daß er – wenn erst einmal vorhanden – mitbestimmt, welche Handlungen die Person ausführt. Eine umfassende Verhaltenstheorie muß erklären, wie Verhaltensmuster erworben werden und wie ihre Ausführung ständig durch das Zusammenspiel von selbstgeschaffenen und äußeren Einflußquellen gesteuert wird. Aus dem Blickwinkel der sozial-kognitiven Lerntheorie zeigt die menschliche Natur ein breites Spektrum von Möglichkeiten. Sie kann innerhalb ihrer biologisch bestimmten Grenzen durch unmittelbare und stellvertretende Erfahrung vielerlei Gestalt annehmen. Der psychische und physische Entwicklungsstand erlegt dem Erwerb neuer Fähigkeiten zu einem gegebenen Zeitpunkt natürlich bestimmte Beschränkungen auf (Bandura, A., 1977; deutsche Übersetzung 1979, s. 10 u. 23f.).

Die ‚Gegenoffensive' der ‚trait'-Theoretiker gegen die ‚Situationisten' (Eysenck, H. J. & Eysenck, M. W., 1987 [1985])

Eysenck & Eysenck machen bereits im Vorwort zu ihrem Buch ‚Personality and individual differences" (1987 [1985]) hinreichend polemisch deutlich, dass die sog. ‚Situationisten' Mischelscher Prägung „völlig schief liegen" (S. XIV). Den problemgeschichtlichen Hintergrund der Kontroverse bilden unterschiedliche Positionen zum Anlage-Umwelt-Problem. Verkürzt ausgedrückt, könnte man sagen: Für die trait-Theoretiker ist die Anlage der ausschlaggebende Faktor, der das Verhältnis der Person zur Umwelt bestimmt. Für die ‚Situationisten' sind die Umweltgegebenheiten der entscheidende Faktor, mit dem sich die Person auseinandersetzt und ihr Verhalten bestimmt.

Was nun die Gegenposition [Eysenck et al.; G.E.] angeht, so kritisiert namentlich Mischel am Zustands-Eigenschafts-Ansatz (state-trait approach), daß *Konsistenzmessungen der Persönlichkeit* selten Korrelationen über 0,30 erbringen. Diese immer wieder diskutierte Zahl trifft – wenn überhaupt – nur auf Untersuchungen spezifischer Verhaltensreaktionen (specific behavior responses) über zwei verschiedenartige Situationen zu. Allerdings verraten viele Studien auf empirischem Niveau einen unangemessenen Gebrauch von sehr begrenzten und daher unzuverlässigen Datenstichproben. […] Das […] Argument, das Mischel und anderen, die den großen Einfluß der jeweiligen Situation auf unser Verhalten betonen, entgegengehalten werden muß, ist die offenkundige Tatsache, daß wir uns die *Situationen,* in denen wir leben möchten, *aussuchen* können. Ein Interesse an Büchern und am Lesen wird uns in Bibliotheken führen; Interesse am Sport auf den Tennisplatz oder ins Fußballstadion; Interesse an Musik an Orte, an denen Musik gespielt wird usw. In all diesen Fällen ist die Situation nicht das Primäre, vielmehr ist sie eine *Folge* von bereits existierenden Neigungen und Abneigungen, Einstellungen, Werthaltungen, Charaktereigenschaften und dergleichen mehr; wovon vieles – wie wir sehen werden – genetisch determiniert ist. Das Leben beginnt nicht mit Situationen als etwas unwiderruflich Gegebenem, in dem wir uns – wohl oder übel – immer schon vorfinden; statt dessen sind wir in der Lage, aus vielen möglichen Lebenssituationen die uns genehme auszuwählen. Dieser Punkt ist für eine kritische Würdigung des *Situationismus* von entscheidender Bedeutung; gleichwohl haben ihn jene, die die Konsistenz des Verhaltens leugnen, niemals in Erwägung gezogen. So behauptet Mischel beispielsweise, daß Eigenschaften durch „globale Übergeneralisierungen" des beobachteten Verhaltens konstruiert werden. Anscheinend ignoriert er dabei die Möglichkeit, daß Persönlichkeitszüge (wie andere individuelle Merkmale auch) auf *Erbfaktoren* zurückgeführt werden können. Dies ist erstaunlich, wenn man bedenkt, daß die Zeugnisse der Zwillingsforschung immer wieder auf die überragende Rolle, die die Vererbung in der Entwicklung der Persönlichkeit spielt, hinweisen. Tatsächlich kann man die Erbanlage für ungefähr *zwei Drittel der wahren Varianz* der gemessenen Unterschiede von *P, E* und *N* verantwortlich machen (Fulker 1981). Und es ist schwer einzusehen, wie man den Glauben an die Inkonsistenz des menschlichen Verhaltens mit einer derart starken hereditären Komponente in Einklang bringen will. Jedenfalls liegt es jetzt, nachdem das empirische Beweismaterial keinen Zweifel mehr an der Existenz der Erbfaktoren läßt, an den Verfechtern gegnerischer Richtungen, alternative Erklärungen der individuellen Persönlichkeitsunterschiede plausibel zu machen. Fest steht, daß derzeit das Zustands-Eigenschafts-Modell die einzige umfassende Persönlichkeitstheorie ist, die in ihrer Begriffsbildung dem Genotyp angemessen Rechnung trägt.

Das Big-Five-Modell als ultima ratio einer persönlichkeitspsychologischen Taxonomie? (Goldberg, L. R., 1990)

Die Bemühungen der trait-orientierten Pesönlichkeitspsychologen waren darauf gerichtet, aus der Vielzahl von Eigenschaften bzw. Eigenschaftsbeschreibungen ein auf nur wenige Struktureinheiten reduziertes diagnostisch handhabbares Basis-Strukturmodell abzuleiten. Erste Schritte in diese Richtung unternahmen R. B. Cattell und H. J. Eysenck. Cattells faktorenanalytische Bearbeitung ergab eine Beschränkung auf zunächst 16, später auf 2 Basis-Dimensionen. Eysencks faktorenanalytische Auswertung von Persönlichkeitstests führte zu einer Liste von drei source traits: Extraversion, Neurotizismus, Psychotizismus. Im Ergebnis weiterer Systematisierungsversuche der trait-Forschung kristallisierte sich schließlich ein breit anerkanntes Modell heraus, das von fünf Basisdimensionen ausging: die sog. ‚big fives'. Diese sind: Extraversion, Gewissenhaftigkeit, Verträglichkeit, Offenheit, Neurotizismus.

Wie aus dem unten abgedruckten Quellentext ersichtlich, wurde diesem Modell eine hohe Allgemeingültigkeit zugesprochen; der big-five-Ansatz erhielt geradezu kanonische Gültigkeit. Was die Grenzen des universellen Geltungsanspruchs angeht, ist freilich auf den simplen Sachverhalt hinzuweisen, dass die big five keine beobachtbare Naturgegebenheit sind, sondern faktorenanalytisch begründete Konstrukte. Ein hinreichend gesicherter Nachweis biologischer (hirnphysiologischer) Korrelate der big five konnte bisher nicht erbracht werden. Eine methodologisch generelle Relativierung bzw. sogar Infragestellung des trait-Konzepts erfolgte schließlich durch eine sozial-kognitive Ausrichtung der Persönlichkeitsforschung.

Das Hauptanliegen dieses Beitrags ist, hinreichend Klarheit zu gewinnen, um jegliche Zweifel an der Allgemeingültigkeit der big-five-Struktur zu zerstreuen. Zu diesem Zweck wurden Befunde erhoben, die die Robustheit der Faktoren erstens innerhalb eines nahezu repräsentativen Sets von 1431 trait-Adjektiven bei mannigfaltigen faktoranalytischen Verfahren erwiesen und zweitens in einem repräsentativen Satz von 479 allgemein gebräuchlichen Begriffen bei Selbstbeschreibungen und Beschreibungen Gleichaltriger. In beiden Untersuchungen konnte die gesamte Dimensionalität des Pools englischer trait-Adjektive durch Prüfung von mehr Faktoren gegenüber den ursprünglichen fünf eingeschätzt werden. In keinem Fall gab es einen zusätzlichen Faktor, der über die ursprünglichen fünf hinausging. [...] Folglich scheint die Schlussfolgerung berechtigt zu sein, dass Analysen eines angemessen großen Pools englischsprachiger trait-Begriffe (Selbst-oder Peer-Beschreibungen) eine Art von big-five-Struktur ergeben und dass möglicherweise alle diese Begriffe in diesem Modell repräsentiert sein können. Mit anderen Worten: Trait -Adjektive können als Ausprägungsvarianten von fünf Grundzügen betrachtet werden und zwar solchen Grundzügen, die sich auf Macht, Liebe, Arbeit, Gefühle und Intellekt beziehen. Diese Züge sind deutlich eher dimensional als kategorial. Außerdem konnte gezeigt werden, dass es möglich ist, eine Art von big-five-Struktur aus den Analysen zur Beurteilung der semantischen Ähnlichkeit bei einer repräsentativen Auswahl von trait-Beschreibungen abzuleiten. Wenn die big-five-Struktur die Verhältnisse bei den englischen trait-Adjektiven zu erfassen scheint, dann könnte man versuchen, ihre Allgemeingültigkeit bei anderen Reiztypen bzw. anderen Sprachen zu erschließen. Es wurde zwar eine vorläufige Taxonomie englischer trait-Substantive erstellt (Goldberg,1980), aber keine empirische Analyse dieser Begriffe vorgenommen. Andererseits werden gerade Analysen niederländischer trait-Substantive, erarbeitet und die ersten Analysen deutscher trait-Adjektive deuten darauf hin, dass die big-five-Struktur die Begriffe in einer benachbarten Sprache gut abbildet. Wenn man von Einzelbegriffen zu Mehrwort-Aussagen übergeht, wird das Bild jedoch weniger klar. Zu einigen skalierten Faktorenanalysen von einem oder mehreren Persönlichkeitsfragebögen haben die Forscher ihre Befunde unter Bezugnahme auf die big-five-Struktur interpretiert. Andere haben dies nicht gemacht. Wie auch immer, nur bei den Untersuchungen, bei denen Wortmarken der big-five-Struktur einbezogen wurden, ist es möglich, den tatsächlichen Übereinstimmungsgrad zu ermitteln. Zur Lösung dieses Problems haben Costa und Mc Crae (1985) Fragebogen-Aussagen verwendet, um ein Persönlichkeits- Inventar auszuarbeiten, das auf der big-five-Struktur beruht: das ‚NEO – Personality Inventory' (NEO-PI) (Goldberg, L.R. [1990], S. 1223f.; Übersetzung: G.E.).

Erste neurowissenschaftliche Theorien zur ‚Erklärung' von Persönlichkeits-dimensionen (Eysenck, H. J., 1967 und 1969)

21

21.1 Vom Beschreibungs- zum Kausalmodell

Zufolge Eysencks faktorenanalytischer Untersuchungen sind die zwei Basisdimensionen E (bipolare Abstufungen von Extraversion bis Introversion) und N (Neurotizismus, Abstufungen der Emotionalität von Labilität bis Stabilität) zureichend, um die Grundstruktur der Persönlichkeit global zu erfassen. (Später kam als dritte Dimension P [=Psychotizismus] hinzu.) Erkenntnistheoretisch betrachtet, ordnet er die faktorenanalytisch ermittelten Grunddimensionen einer wissenschaftlich fundierten *Beschreibungsebene* zu. Angeregt durch I. P. Pawlow, versuchte er, einen Schritt weiter zu gehen und zu einer ‚*Kausalanalyse*' vorzudringen, indem er die den Dimensionen entsprechenden neurophysiologischen Prozesse untersuchte. Nach einem ersten Aufsatz in der renommierten Wissenschaftszeitschrift ‚Nature' (1963) publizierte er 1967 eine ausführliche Darstellung seines Kausalmodells in dem Buch ‚The Biological Basis of Personality'. Der diesem Buch beigefügte Klappentext gibt in gebotener Kürze die wesentliche Botschaft des Eysenckschen Programms wider:

Ein Beschreibungs- und *Kausal*modell der menschlichen Persönlichkeit, in Übereinstimmung mit modernen Konzeptionen der experimentellen Psychologie sowie physiologischer und neurologischer Mechanismen, die die biologische

Grundlage des Verhaltens enträtseln. Die Gesetze des individuelle Unterschiede aufweisenden Verhaltens ergeben sich aus dem Zusammenspiel von zwei Dimensionen; die eine: Emotionalität, Neurotizismus oder Instabilität, die andere: Introversion/Extraversion, das moderne Äquivalent von Galens Temperamentenlehre (Eysenck, H.J.,1967, Klappentext; Übersetzung: G.E.).

21.2 ‚Schwache' und ‚starke' Theorien

Zwei Jahre später differenzierte Eysenck in dem Buch ‚Personality Structure and Measurement' (1969) explizit zwischen den Erkenntnisansprüchen faktorenanalytischer Untersuchungen einerseits und biologisch-neurophysiologischer Forschung andererseits: Faktorenanalytisch gewonnene Aussagen zur Persönlichkeitsstruktur liefern lediglich Daten für eine sog. ‚schwache' Theorie (‚weak theories', entspricht Beschreibungsebene); ‚harte' Theorien (‚strong theories') orientierten sich an experimentell-psychologischer Methodik und an validen biologischen Nachweisen und liefern „universell anerkannte Gesetze, die strenge Ableitungen mit maximaler Sicherheit ermöglichen" (1969, 340), ergo Kausalebene. Die Persönlichkeitspsychologie komme erst dann weiter, wenn sie eine enge Verbindung mit der experimentellen allgemeinpsychologischen Forschung eingehe („a marriage between the experimental and ‚individual differences' approach", 1969, 341).

Von einem grundsätzlichen Standpunkt her sind die Beiträge, die die Faktorenanalyse für den Fortschritt der Persönlichkeitstheorie liefert, wichtig. [...] E [= Extraversion] und N [= Neurotizismus] können in Bezug auf solche fundierten Begriffe und Strukturen wie limbisches System, viszerales Gehirn und aufsteigendes retikuläres Aktivationssystem verstanden werden. Primärfaktoren [= mittels Faktorenanalyse gebildete Dimensions -Begriffe,G.E.] können nur rein beschreibend auf niedrigem Niveau sein. Zu einer Kausaltheorie werden sie erst, wenn ihr Ursprung und ihre Arbeitsweise mit unseren experimentell- und allgemeinpsychologischen Erkenntnissen verknüpft werden. Über den Nutzen dieser Verknüpfung besteht noch keine allgemeine Übereinkunft: einige Psychometriker meinen offenbar, dass die statistische Expertise der Item-Analyse den Mangel an theoretischer Erklärung überdecken kann: aber es ist unabweisbar, dass ohne theoretische Erklärung kaum eine Verbesserung des tristen Zustandes unseres gegenwärtigen Wissens über die Persönlichkeit erzielt werden kann. Mehr als alles andere ist dies der Grund zu glauben, dass die Faktoren Extraversion und Neurotizismus mehr Aussicht auf Erfolg haben werden als die in der üblichen Literatur diskutierten Primärfaktoren. Primärfaktoren sind entweder tautologisch oder nicht-invariant. E und N sind invariant und nicht-tautologisch. Ferner finden E und N eine hinreichende Erklärung in der theoretischen Psychologie und experimentellen Physiologie; Primärfaktoren bieten keine dieser Vorteile. Sofern in den vorherrschenden Auffassungen keine einschneidenden Veränderungen stattfinden, ist die Schlussfolgerung unausbleiblich, dass in vielen Arbeiten über Persönlichkeit in den letzten Jahren der falsche Weg eingeschlagen wurde (Eysenck, H.J. & Eysenck, S.B.G.,1969, Übersetzung: G.E.).

21.3 Generelle Bemerkungen zum Ansatz Eysencks

Eysencks Arbeiten fanden in seiner Zeit und danach eine breite Resonanz. Das betrifft insbesondere seinen Versuch, neuronale Strukturen von Persönlichkeitseigenschaften (traits) nachzuweisen. Sein Vorhaben, von der Auffindung neuronaler Korrelate auf ein Kausalverhältnis zu psychischen Phänomenen zu schließen, gab jedoch Anlass zu prinzipieller Kritik (z. B. Biologismus-Vorwurf). Die neuere ‚Neurowissenschaft der Persönlichkeit' geht davon aus, dass es „keine Eins-zu-Eins-Entsprechung zwischen biologischen Prozessen und Persönlichkeits-traits" gebe (Pervon, Cervone & John, 2005, 425).

22

Exemplarische Einschätzung der Relevanz und Grenzen biopsychologisch orientierter Persönlichkeitsforschung. Beispiel: Molekulargenetik (Riemann, R. & Spinath, F. M., 2005)

Seit der Entschlüsselung des menschlichen Genoms (2001) war zu erwarten, dass in der Forschung, so auch in der Biologischen Psychologie, dem Zusammenhang zwischen Genom und Verhalten vermehrte Aufmerksamkeit geschenkt wurde. Bei Würdigung der Relevanz molekulargenetischer Aspekte für die Differentielle Psychologie ist zugleich eine Zurückhaltung gegenüber monokausalen Ableitungen erkennbar.

Auf die rapiden Fortschritte der molekulargenetischen Forschung, die im Jahr 2001 in der Beschreibung des menschlichen Genoms durch das „Human Genome Project" einen vorläufigen Höhepunkt gefunden hat, muss an dieser Stelle nicht besonders hingewiesen werden. Über diese Entwicklung wurde ausführlich in den Medien berichtet. Molekulargenetische Methoden ermöglichen die direkte Untersuchung des Zusammenhangs zwischen Genen und psychologisch bedeutsamen Merkmalen von Menschen. Solche Untersuchungen versprechen ein tieferes Verständnis davon, wie Gene menschliches Verhalten beeinflussen. Dieser Prozess ist jedoch äußerst komplex. Es darf keinesfalls davon ausgegangen werden, dass die Kartierung des menschlichen Genoms gleichsam automatisch die Lösung aller weitergehenden Fragen liefert. Für die verhaltensgenetische Forschung ist die Beschreibung des menschlichen Genoms ein wichtiges

Hilfsmittel; die Erforschung des Zusammenhangs zwischen spezifischen Genen und psychologisch bedeutsamen Merkmalen steht jedoch noch ganz am Anfang. Diese Forschung verspricht, die Prozesse der Vermittlung zwischen Genen und Verhalten direkter untersuchen zu können.

Gesamteinschätzung des Stellenwertes biopsychologischer Erklärungsansätze in der Persönlichkeitsforschung (Hennig, J. & Netter, P., 2005)

Die Bezugnahme auf neurowissenschaftliche Forschungsergebnisse gilt für die heutige empirische Persönlichkeitsforschung als unerlässlich. Dabei wird geltend gemacht, dass die Beziehungen zwischen neurophysiologischen und psychologischen Variablen einen wesentlich höheren Grad an Komplexität aufweisen als dies beispielsweise noch von Eysenck angenommen wurde.

Und all die Erkenntnisse über genetische, biochemische und neurophysiologische Einflüsse und Prozesse in unserem gesamten Organismus werden überhaupt erst dann sinnvoll interpretierbar und wirklich nutzbringend für den Fortschritt in der Differentiellen Psychologie sein, wenn es gelingt, jene Strukturen und deren spezifische Funktionen im Gehirn des Menschen zu identifizieren, welche den verschiedenen Verhaltensdispositionen bzw. Persönlichkeitseigenschaften zugrunde liegen. Die [...] Befunde zu den zentralnervösen Grundlagen der Persönlichkeit zeigen ganz deutlich,

- dass sich Individuen in ihren biologisch determinierten Reaktionen unterscheiden,
- dass die individuellen Reaktionsmuster intraindividuell stabil sind, also trait-Merkmale darstellen, welche
- in einem zum Teil beträchtlichen Ausmaß durch genetische Einflüsse bestimmt sind; und

- dass es schließlich vielfache Zusammenhänge zwischen diesen biologischen Trait-Variablen und nahezu allen derzeit mit psychologischen Verfahren messbaren Persönlichkeitseigenschaften gibt.

Auch wenn die Beziehungen zwischen biologischen und psychologischen Variablen offensichtlich um vieles komplexer sind, als z.b. im Modell von Eysenck angenommen wurde, sind sie prinzipiell untersuchbar, wenn auch mit größerem Aufwand, was Versuchsmethodik und vor allem Stichprobengröße betrifft, als das bisher zumeist der Fall war. Insgesamt jedoch wird ein tieferes Verständnis von Persönlichkeitsunterschieden ohne Bezug auf die biologischen, und im Besonderen die zentralnervösen, Grundlagen dieser Unterschiede nicht möglich sein.

Die Relativierung des Wertes neurowissenschaftlicher Parameter für die Beantwortung spezifisch persönlichkeitspsychologischer Fragestellungen (Asendorpf, J. B. & Neyer, F. J., 2012)

Asendorpf und Neyer anerkennen die Bedeutung neurowissenschaftlicher Erkenntnisse für die empirische Persönlichkeitsforschung, betonen aber zugleich, dass Kausalableitungen von neurowissenschaftlichen Befunden auf psychische Prozesse kritisch zu hinterfragen sind. Erkenntnistheoretisch zweifelhaft ist die faktische Gleichsetzung von Korrelat und Ursache. Die Autoren warnen vor der Gefahr einer biologistischen Verkürzung bzw. vor einer (latenten) Vereinnahmung der Psychologie durch die Neurowissenschaften. Sie vertreten die Auffassung, dass es Phänomene gebe, „die sich psychologisch, nicht aber neurowissenschaftlich beschreiben lassen".

Insgesamt ist das neurowissenschaftliche Paradigma derzeit noch weit davon entfernt, das inhaltliche Verständnis von Persönlichkeitseigenschaften wesentlich zu verbessern. Das gilt selbst für die scheinbar „besonders physiologienahen" Temperamentsmerkmale, scheinbar insofern, als ohnehin alles menschliche Erleben und Verhalten eine neuronale Basis hat. Das Hauptproblem ist einerseits, dass das Verständnis der einzelnen biologischen Systeme und erst recht ihrer Variation von Person zu Person noch äußerst bruchstückhaft ist. Das zweite Problem ist der Graben zwischen dem neurophysiologisch Messbaren und dem subjektiv-verbal Berichtbaren, der mit zunehmendem Wissen über die neurophysiologische Ebene eher noch tiefer und unüberbrückbarer erscheint. Möglicherweise wird dieser Graben erst dann besser überbrückt werden können, wenn das subjektive Erleben und die gespeicherten Gedächtnisinhalte selbst neurophysiologisch beschreibbar werden. Das erfordert eine Lösung des Bewusstseins-problems (was entspricht bewusstem Erleben auf neurophysiologischer Ebene?) und des Gedächtnisproblems (was entspricht Gedächtnisinhalten auf neurophysiologischer Ebene?). Solange diese beiden Grundprobleme der Neurowissenschaft ungelöst sind, dürfte der Graben unüberwindlich bleiben. Möglicherweise ist es aber auch gar nicht sinnvoll, den Graben ganz überwinden zu wollen. Denn letztendlich liefe das ja auf eine Reduktion der Psychologie auf die Neurowissenschaft hinaus. Dagegen spricht auf den ersten Blick erst einmal nicht viel. Wenn alles menschliche Erleben und Verhalten auf Informationsverarbeitungsprozessen beruht und diese wiederum auf neuronaler Aktivität, müsste sich die gesamte Psychologie neurowissenschaftlich rekonstruieren lassen. Mit gleichem Recht könnte allerdings dann auch argumentiert werden, dass sich die Neurowissenschaft „letztlich" auf Chemie und diese sich auf Physik reduzieren lasse. An dieser Stelle greifen üblicherweise dann Philosophen ein mit dem Argument, die Physik sei „letztlich" eine Erfindung des menschlichen Gehirns und daher sei diese reduktionistische Argumentation ein Zirkelschluss (vgl. hierzu das alternative Konzept des „Kreisgangs durch den Garten der Natur" von Weizsäcker, 1985).

Vermutlich mehrheitsfähig in den Erfahrungswissenschaften ist die Sicht, dass es zwar einen hierarchischen Aufbau dieser Wissenschaften derart gibt, dass z. B. Psychologie auf Biologie gründet, dass es aber in jeder Wissenschaft emergente Phänomene gibt, die sich nicht durch die hierarchisch darunter angesiedelten Wissenschaften aufklären lassen. Aus dieser Sicht ist die Neurowissenschaft grundlegender als die Psychologie, aber die Psychologie lässt sich nicht auf die Neurowissenschaft reduzieren, weil sie Phänomene enthält, die sich psychologisch, nicht aber neurowissenschaftlich beschreiben lassen. Demnach wäre ein gewisser Graben zwischen manchen psychologischen und manchen neurowissenschaftlichen Konstrukten ganz selbstverständlich. Trotz des rasanten Fortschritts der Neurowissenschaften ist ihr Ertrag für das Verständnis von Persönlichkeitsunterschieden derzeit gering. Ein grundsätzliches Problem besteht darin, dass Erleben und Verhalten emergente Eigenschaften haben, die sich neurowissenschaftlich nicht beschreiben lassen.

Die Reflexion des Verhältnisses von idiographischer und nomothetischer Forschungsstrategie in neuerer Zeit (Herrmann, Th., 1991, Asendorpf, J. B. & Neyer, F. J.,2012)

Schaut man sich die Kontroverse zwischen dem ‚Operationalisten' Eysenck und dem ‚Phänomenologen' Wellek aus dem Jahre 1954 an (Kapitel 16), könnte man den Eindruck gewinnen, dass sich idiographische und nomothetische Forschungsansätze aufgrund diametraler Gegensätze wechselseitig ausschließen. Indes gab es schon zu Zeiten der Wellek-Eysenck-Kontroverse methodologische Überlegungen, die gerade in Bezug auf die Persönlichkeitspsychologie eine Kooperation von idiographischen und nomothetischen Herangehensweisen für erforderlich hielten (siehe Kapitel 17).

Dieser Trend, anstelle eines Gegensatzes ein Komplementär-Verhältnis oder gar eine Kombination von Idiragraphik und Nomothetik anzunehmen, setzt sich in der Diskussion in neuerer Zeit fort. Theo Herrmann (1. Aufl. 1969, 6. Aufl. 1991) weist darauf hin, dass eine Verabsolutierung der Einzigartigkeit/Einmaligkeit im Sinne eines wissenschaftlichen Zugangs zur Persönlichkeitsproblematik versperre. Man könne aber dem Merkmal der Einmaligkeit umfassend gerecht werden, wenn man begründete ‚Beschreibungssysteme' entwickelt, in denen jeder Einzelne seinen spezifischen Platz erhalte. Asendorpf und Neyer (2012) plädieren für eine Kombination von idiographischer und nomothetischer Forschungsstrategie. Sie sind der Auffassung, dass idiographische Ansätze per se nomothetische Erklärungen einschließen und somit die „Möglichkeit nomothetischer idiographischer Analysen" (a.a.O., S. 32) bestehe.

25.1   Herrmann, Th.

Persönlichkeitsforschung könnte sich damit begnügen, auf diese Einmaligkeit bzw. Einzigartigkeit eines jeden Einzelnen hinzuweisen und daraus die *Unvergleichbarkeit* eines jeden Menschen zu folgern. Danach wäre wissenschaftlich nichts Wesentliches auszusagen, was für jeweils mehr als einen einzigen Menschen Geltung hätte. Unvergleichbarkeit verbietet die Verallgemeinerung und die Abstraktion vom Einzelfall. Die einzige allgemeine Aussage wäre dann die, daß keine allgemeinen Aussagen möglich seien. Das aber wäre das Ende vom Lied der Wissenschaft. [...]
Keine Persönlichkeitstheorie begnügt sich damit, ohne jede Verallgemeinerungsabsicht ein einzelnes oder mehrere einzelne Individuen zu betrachten. „Als Wissenschaft ist Persönlichkeitsforschung in irgendeinem Maße zur Generalisierung gezwungen." (Thomae 1968; 18.) Danach könnten aber streng idiographisch vorgehende Persönlichkeitstheorien unter der Voraussetzung, daß sie mehr als bloße „Fallsammlungen" sein wollen, nur Theorien oder Anweisungen darüber vermitteln, woran man bei der Erarbeitung von „Biographien" bzw. „Idiographien" einzelner Individuen zu denken habe, was man dabei falsch machen könne, usf. *Persönlichkeitstheorie* wäre danach die *Metabetrachtung* von Biographien bzw. Idiographien, d. h. die *Lehre von der Erforschung einzelner Persönlichkeiten*, Persönlichkeitstheorie wäre also *Meta-Idiographik*. [...]
So wie sich die empirische Persönlichkeitsforschung heute versteht, dient sie aber *nicht* der Erforschung *einzelner* Persönlichkeiten; sie ist auch *keine* Methodenlehre. Empirische Persönlichkeitsforschung ist vielmehr *nomothetisch*. Sie sucht allgemeine Gesetze oder doch „Regeln" für „*Mengen von Persönlichkeiten*". (Übrigens kann die Persönlichkeitsforschung der psychologischen Diagnostik sehr wohl im Sinne der Grundlagenforschung dienlich sein.) [...] Es ergibt sich: Will Persönlichkeitsforschung nicht nur die ohne jede Verallgemeinerungsabsicht unternommene Sammlung einzelner „Fälle" sein und will Persönlichkeitstheorie nicht nur die (Methoden-)Lehre von der Erforschung einzelner Individuen sein, so muß sie [...] *von der Einmaligkeit eines jeden Individuums absehen und zu Regeln, Verallgemeinerungen, induktiven Abstraktionen gelangen*. Wie stellt sich der *nomothetischen Persönlichkeitsforschung* die Einzigartigkeit eines jeden Einzelnen dar? Man darf davon ausgehen, daß sich die (oder viele) Menschen als einzigartig erleben. Im übrigen sind sie ebenso einmalig wie alle anderen wissenschaftlichen Gegenstände auch. Auch Steine, Armbanduhren, Denkvorgänge, die Gestalt der Arme und Beine usf. sind, strenggenommen, jeweils einmalig, einzigartig, „individuell". Kein Stein sieht genau aus wie der andere; nie können zwei Steine gleichzeitig genau an demselben

Orte sich befinden. Dennoch besteht die Möglichkeit, über Steine, Armbanduhren, Denkvorgänge und menschliche Extremitäten allgemeine Aussagen zu machen, die nicht nur für jeweils *einen* Stein, *eine* Armbanduhr usf. Geltung besitzen. Es ist die Aufgabe der nomothetischen Wissenschaften, von der Einmaligkeit zu abstrahieren, d. h. allgemeine Gesetze zu finden, denen die Individuen „gehorchen". Warum sollte in demselben Sinne nicht Wissenschaft von „Mengen einzelner Persönlichkeiten" möglich sein? Auch wenn – strenggenommen – kein Mensch genau wie ein anderer ist und wenn sich jeder Mensch als einzigartig und einmalig erleben sollte, so kann die Persönlichkeitsforschung unter anderem *Beschreibungssysteme* für viele oder alle einzelnen Persönlichkeiten so entwickeln, daß einzelne Menschen ihren Platz in solchen Beschreibungssystemen erhalten können. Sollten übrigens zwei oder mehrere Menschen in einem solchen Beschreibungssystem genau denselben Platz erhalten, d. h. sollten sie also als *gleich* beschrieben werden, so würde das nicht besagen, daß sie *identisch* sind. [...]
Die Persönlichkeitsforschung – faßt man sie nomothetisch auf – stellt (erstens) *Beschreibungssysteme für viele oder alle Einzelnen* zur Verfügung. Sie versucht (zweitens), die mit Hilfe der Beschreibungssysteme erfaßbare Unterschiedlichkeit zwischen Einzelnen theoretisch zu erklären; sie klärt also die *Unterschiedlichkeit (Varianz) zwischen Einzelnen bezüglich ihrer Merkmale* auf (interindividuelle Varianzaufklärung).

25.2 Asendorpf, J. B. & Neyer, F. J.

Auch heute noch spricht man in der Persönlichkeitspsychologie von einem idiographischen Ansatz, wenn es um die Erforschung einzelner Personen geht, wobei oft zu Unrecht ein Gegensatz zur nomothetischen Wissenschaft aufgebaut wird, denn die genaue Beschäftigung mit dem Einzelfall schließt ja nomothetische Erklärungen bis hin zu ihrer statistischen Absicherung gegenüber Zufallsbefunden nicht aus. [...]

• Idiographische Analysen können individuelle Dispositionen eines Menschen beschreiben, nicht aber Aussagen über individuelle Besonderheiten machen.

Anhänger des individuumzentrierten Ansatzes gehen mit diesem Problem meist so um, dass sie an das alltagspsychologische Wissen appellieren. Der Einzelfall wird genauestens geschildert, z. B. in Form einer Biografie, und es bleibt dem

Leser überlassen, mit Hilfe seines alltagspsychologischen Verständnisses die individuelle Besonderheit in dieser Schilderung zu entdecken. [...]
Letztlich muss die empirische Persönlichkeitspsychologie beides kombinieren: reiche idiographische Daten mit interindividuellen Vergleichen. Hierzu sind am besten Mehrebenenanalysen geeignet, in denen interindividuelle Unterschiede in individuellen Verhaltensdispositionen untersucht werden, z. B. auf der Grundlage von Tagebuchdaten vieler Studierender. [...]
Die Möglichkeit nomothetischer idiographischer Analysen spricht nicht gegen Sterns (1911) Auffassung, dass die einzelne Person nur die Asymptote der nomothetischen Erklärungsversuche sei, d. h. dass bei noch so genauer nomothetischer Analyse immer noch ein Erklärungsrest verbleibe. Tatsächlich gibt es im Einzelfall immer singuläre Ereignisse, weder durch allgemeine noch durch individuelle nomothetische Gesetzmäßigkeiten vorhersagbare Geschehnisse, die wesentlich die Biographie eines einzelnen Menschen formen. [...]
Singuläre Ereignisse lassen sich idiographisch konstatieren, nicht aber nomothetisch vorhersagen. Insofern hatte Stern (1911) Recht, wenn er von der Asymptote der nomothetischen Wissenschaft sprach. [...]
Der Physiker und Nobelpreisträger Gell-Mann (1994), der nach allgemeinen Gesetzmäßigkeiten komplexer Systeme sucht, pflegte die [...] Komplementarität von idiographischen und nomothetischen Einflüssen so zu formulieren: Alles auf dieser Welt ist das Resultat einfacher Regeln und eingefrorener Zufälle („frozen accidents"). Die „einfachen Regeln" erlauben es, auch den Einzelfall in Grenzen wissenschaftlich zu erklären, aber es verbleibt immer ein Erklärungsrest aufgrund „eingefrorener Zufälle". Diese lassen sich im Nachhinein feststellen, nicht aber vorhersagen. Der Einzelfall ist immer auch durch wissenschaftlich nicht vorhersagbare singuläre Ereignisse geprägt.

Persönlichkeitspsychologie als Anhäufung disparater Ansätze? (Hall, C. S. & Lindzey, G., 1970; Herrmann, Th. & Lantermann, E. D., 1985)

26

26.1 Hall, C. S. & Lindzey, G.

In den 70er und 80er Jahren des 20. Jahrhunderts mehren sich die Stimmen, die die Zersplittertheit der Persönlichkeitspsychologie beklagen und ihre Sorge um die Zukunft dieser psychologischen Teildisziplin zum Ausdruck bringen. Wir greifen von diesen Bedenkenträgern zwei Beispiele heraus: C. S. Hall und G. Lindzey (1970, 2. Aufl.) ziehen nach ihrem informativen systematischen Überblick über bestehende Persönlichkeitstheorien das ernüchternde Fazit, dass man von *der* Persönlichkeitspsychologie eigentlich gar nicht sprechen könne, da de facto nur eine bestimmte Anzahl unverbundener persönlichkeitspsychologischer Ansätze (sie zählen 13 auf) nebeneinander existiere. Sie halten es für sinnlos, zwischen diesen disparaten Einzeltheorien irgendeine Form von Synthese oder Integration krampfhaft herstellen zu wollen. Darüber hinaus kritisieren sie am (vorwiegend angloamerikanischen) Erkenntnisbetrieb ihrer Zeit generell solche Haltungen wie Intoleranz und rigide ‚Alleinvertretungs'-Ansprüche (in Hall-Lindzeyscher Terminologie ‚theoretical imperialism').

> Wir sind davon überzeugt, dass weder Zeit noch Umstände geeignet sind, um eine Synthese oder Integration von Persönlichkeitstheorien anzustreben, deren empirische Evidenz zum großen Teil noch nicht nachgewiesen ist. Warum machen wir uns Gedanken um solche Begriffe wie ästhetische Reaktion oder innere Konsistenz, wenn die wichtige Frage ist, wie es um die empirische Faktizität

dieser Dinge bestellt ist. Unseres Erachtens wäre es anstelle des Versuchs einer ,Meistertheorie' viel gewinnbringender, eine bestehende Theorie weiter zu entwickeln und zu spezifizieren, wobei gleichzeitig die relevanten empirischen Daten in Betracht zu ziehen sind. Die Beschaffenheit dieser Daten kann nur über die Weiterentwicklung der Theorie adäquat definiert werden (Hall, C. S. & Lindzey, G., [1970], 602; Übersetzung: G.E.).

26.2   Herrmann, Th. & Lantermann, E. D.

Th. Herrmann und E. D. Lantermann (1985) sprechen in einem Handbuch-Artikel von einer allgemeinen „Ratlosigkeit" in Bezug auf „die künftige Gesamtentwicklung der Persönlichkeitspsychologie". Ihre Befürchtungen stehen im Zusammenhang mit dem „gezielten Schlag von Walter Mischel (1968)", der (angeblich) mit der (Über-) Betonung situativer Faktoren Gefahr laufe, die Persönlichkeitspsychologie ihres Gegenstandes – nämlich der Persönlichkeit – zu berauben.

Prophezeien nur hoffnungslose Optimisten der Persönlichkeitspsychologie eine lebendige Zukunft? Ist das Thema „Persönlichkeit" out, im besten Falle degeneriert zu einer nebulosen und vielfältig bestrittenen Quelle interindividueller Verhaltensvarianz? Der gezielte Schlag von Walter Mischel (1968) gegen die Unterstellung von zeitübergreifenden und die einzelnen, situationsspezifischen Verhaltensakte transzendierenden Persönlichkeitsdispositionen sitzt noch immer tief. Er provozierte heftige Gegenreaktionen. Man schlug zurück mit Daten, methodologischen Argumenten, statistischen Tricks, man verharrte in Positionen, die nicht länger haltbar waren. Viele Psychologen wandten sich inzwischen gelangweilt von diesem Hin und Her ab und damit von der Frage nach der Persönlichkeit. Mit dem gewaltigen Fortschreiten der Allgemeinen Psychologie – überwiegend einer Psychologie informationsverarbeitender Systeme – tauchen zwar in regelmäßiger Folge neue „Strukturen", „Dimensionen", „Subsysteme" u. dgl. auf, die eng mit isolierten Aspekten der Informationsverarbeitung verknüpft sind und die auch den Charakter von differentiellen Kategorien beanspruchen, doch ändert das wenig daran, daß es der Persönlichkeitspsychologie an ihrem Gegenstand fehlt: an der Persönlichkeit. Wieso bedürfen wir aber eines Konstrukts „Persönlichkeit" , wenn individuelles Verhalten und Erleben durch die Kenntnis von Situationsparametern und allenfalls noch durch die Annahme von irgendwelchen Teilstrukturen eines informationsverarbeitenden Systems prognostiziert und erklärt werden können? [...] Es ist in letzter Zeit zwar üblich geworden, daß Psychologen bei allen möglichen Gelegenheiten „Quo vadis?" fragen, doch hier scheint diese Frage berechtigt: Wie wird es mit der Persönlichkeitspsychologie weitergehen? Man kann dies allenfalls für einige sehr umgrenzte Teilaspekte leidlich sicher abschätzen. [...] In Hinsicht auf die künftige Gesamtentwicklung der Persönlichkeitspsychologie sollten wir aber ehrlicherweise eingestehen, daß wir nicht wissen, wie die Dinge in den nächsten Jahren aussehen werden. [...] Nachdem sich die Persönlichkeitspsychologie in einer Phase starker Fragmentierung, methodologischer Ratlosigkeit und mangelnder theoretischer Integration befindet, sollte sie dem Leser auch in einer Weise vorgestellt werden, wie sie ist: als ein Erkenntnisgebiet, dem man zur Zeit vielleicht am ehesten durch eine Vielzahl von Einzelbeiträgen beikommen kann, die keine künstlich geglättete Einheitlichkeit vorspiegeln, die aber jeder für sich ihre besondere Perspektive haben und oft auch die vermuteten Entwicklungstendenzen sichtbar werden lassen.

Selbstevaluation und Standort-bestimmungen im 21. Jahrhundert (1.] Amelang, M., 2005; Fisseni, H. J., 2003; 2.] Amelang, M. & Bartussek, D., 2001; 3.] Borkenau, P. et al., 2005; Hodapp, V. & Rohrmann, S., 2006; Kuhl, J., 2010)

27

27.1 Desiderat: Schwerpunktsetzung Individualität

In der neueren Fachliteratur wird im Rahmen von Rückblicken und Ausblicken – unabhängig von theoretischen und methodischen Ausrichtungen – auf *ein* Desiderat verwiesen, dem die Forschung in besonderer Weise nachzukommen habe, dem sie aber nur unzureichend gerecht werde: der genuinen Kernkategorie ‚Einzigartigkeit'/'Einmaligkeit'/'Individualität'.

> Es bleibt festzuhalten: Wir verfügen schon seit langem über ein Übermaß an Instrumenten, die es erlauben, Personen voneinander zu unterscheiden. Solche Verfahren sind leicht zu konstruieren und mögen durch die Reliabilität der mit ihnen erhobenen Messwerte beeindrucken. Definitiv aber besteht ein beklagenswertes Defizit dahingehend, dass sich die Persönlichkeitspsychologie während der zurückliegenden Jahrzehnte viel zu wenig und nur mit unzulänglichen Mitteln um Individualität im Sinne von Stern und die inhaltliche Kohärenz der Person gekümmert hat. [...] (Amelang, M., 2005, 40)

Persönlichkeit und Einzigartigkeit

Subjektivität, zeitliche Extension, Interaktion, Persönlichkeit als Struktur oder Prozeß: die Leitideen, welche die Artikulation von Persönlichkeitsforschung mitbestimmen, erlauben es, differentielle Gesichtspunkte herauszuheben und die Einzigartigkeit der Persönlichkeit zu bestimmen, gleichsam die Individualität des Individuums. Der differentielle Aspekt tritt mit unterschiedlicher Prägnanz hervor, schärfer bei Theoretikern, die einem idiographischen, als bei solchen, die einem nomothetischen Ideal folgen. […] Einzigartigkeit wird erfaßt und beschrieben mit einer Vielfalt von Methoden. Zwei Extrempole dürften sich kennzeichnen lassen durch Namen wie Freud auf der einen, Cattell oder Eysenck auf der anderen Seite. – Bei Freud wird Einzigartigkeit dargestellt durch gesprächsartige Informationen, durch eine Fülle konkreter Lebensdaten, bei Cattell oder Eysenck dagegen durch Verwendung einer sparsamen Zahl objektiver, reliabler, valider Meßwerte. – Zwischen den beiden Extremen lassen sich vielfältige Variationen und Mischungen denken, solange keine der beiden Darstellungsarten alleinige Anerkennung beansprucht. (Fisseni, H.J., 2003, 505-507)

27.2   ,Einzigartigkeit' schließt Vergleichbarkeit nicht aus

Im Zusammenhang mit dem o. g. Desiderat wird notwendigerweise das Verhältnis von nomothetischer und idiographischer Forschungsstrategie thematisiert (vgl. Kap. 25). Es besteht weitgehend Übereinstimmung darüber, dass die lange Zeit (z. B. noch von Eysenck) vertretene Auffassung von der ,Unverträglichkeit' beider Strategien nicht mehr aufrecht erhalten werden kann: Einzigartigkeit schließe Vergleichbarkeit nicht aus. Anders ausgedrückt: Eine Verabsolutierung von Einzigartigkeit im Sinne von Unvergleichbarkeit würde Persönlichkeit als Gegenstand spezifisch wissenschaftlicher Untersuchung verunmöglichen.

Angesichts der von allen Persönlichkeitstheoretikern behaupteten Einmaligkeit jeder Person erhob sich sehr bald die Frage, ob es sinnvoll sei, den Einzelnen mit Eigenschafts- oder Trait-Begriffen zu kennzeichnen, die auf alle Personen zutreffen. Allport (1937) führte dazu die […] Unterscheidung von idiographischer und nomothetischer Methode in die Diskussion ein. Angewendet auf die Differentielle Psychologie postuliert die *idiographische Methode* qualitative Unterschiede zwischen den Personen, somit die Unvergleichbarkeit der Individuen gerade wegen ihrer Einzigartigkeit, und verlangt aus diesem Grunde nach Verfahren, die diesem Gesichtspunkt Rechnung tragen. Folgerichtig kann es sich dabei nur um detaillierte Biografien des Einzelnen und seiner Verhaltensweisen handeln – in letzer Konsequenz gar in einer für jedes Individuum gesonderten Sprache. Ein solcher Anspruch hat Implikationen für ein wesentliches Ziel jeder Wissenschaft, nämlich bei der Suche nach der Wahrheit oder Wirklichkeit solche Regeln und Gesetze abzuleiten, die von allgemeiner Bedeutung sind, d.h. mehr als nur für eines der Beobachtungsobjekte Gültigkeit besitzen (=*nomothetische Methode*). [...] Die nomothetische Methode sieht von der Einmaligkeit des Individuums ab und versucht, allgemeine Gesetze zu entwickeln, die für die Einzelnen oder »Mengen von Persönlichkeiten« (Herrmann, 1976, S. 48) gelten. Eine der ersten Aufgaben nomothetischer Persönlichkeitspsychologie besteht dabei darin, Beschreibungssysteme zu entwickeln, mit denen alle Einzelnen erfasst und kategorisiert werden können. [...] Die Einmaligkeit der Person, für die nicht zuletzt das subjektive Erleben des Einzelnen nachhaltige Argumente liefert, findet Berücksichtigung dadurch, dass solche nomothetischen Beschreibungssysteme für jeden Einzelnen einen nur ihm gehörigen Platz vorsehen bzw. gewährleisten. [...] Liegt die erste Aufgabe nomothetischer Persönlichkeitsforschung in der Entwicklung von Beschreibungssystemen für alle Einzelnen, besteht eine zweite darin, die mit Hilfe der Beschreibungsdimensionen erfassten Unterschiede in Form allgemeiner Gesetze zu erklären. [...] Es kommt also darauf an, bei der Überprüfung allgemeiner Gesetzmäßigkeiten auch idiographischen Prinzipien Rechnung zu tragen. Das ist nicht immer leicht und erfordert besondere Techniken. (Amelang, M. & Bartussek, D., 2001, 41-44)

27.3 Breites Spektrum thematischer Perspektiven und methodischer Zugänge

Die Anerkennung der Verschränkung nomothetisch/idiographisch lässt Raum für ein breites Spektrum methodischer Zugänge und inhaltlich-theoretischer Perspektiven. Die zweifelsohne zu konstatierende Perspektiven- und Theorienvielfalt wird unterschiedlich getönten Bewertungen unterzogen.

Bei der Persönlichkeitspsychologie handelt es sich um eine stark venetzte und dynamische Teildisziplin der Psychologie, welche sich durch die Verwendung eines mannigfaltigen und kontinuierlich wachsenden Methodenarsenals auszeichnet. Dies gilt sowohl bezüglich der verwendeten Daten (außer Selbstberichten, Leistungstests und Verhaltensbeobachtungen auch Reaktionszeiten sowie biochemische, neurophysiologische und molekulargenetische Parameter) als auch bezüglich der Methoden der Datenanalyse […] Weiterhin steht die Persönlichkeitspsychologie in enger Beziehung zu mehreren wichtigen Feldern der Angewandten Psychologie. Eine Förderung und ein Ausbau dieses dynamischen Forschungsgebietes ist daher – gerade in Zeiten zunehmender Interdisziplinarität der Wissenschaften – unabdingbar, will man Verhalten, Denken und Erleben nicht nur im Durchschnitt, sondern auch in seiner individuellen Unterschiedlichkeit verstehen. (Borkenau et al., 2005, 285f)

Die Differentielle Psychologie versucht, die grundsätzliche Frage nach der Variabilität und Individualität des Verhaltens zu beantworten. Wie deutlich wurde, gibt es keine einfachen Antworten, vor allem auch deswegen, weil unterschiedliche Vorstellungen über die Natur des Menschen existieren und Erleben und Verhalten aus jeweils unterschiedlichen Perspektiven betrachtet wird. Keine Perspektive kann für sich in Anspruch nehmen, individuelle Unterschiede und Persönlichkeit vollständig zu beschreiben und zu erklären. Jede Perspektive besitzt Stärken und Schwächen. Darüber hinaus scheinen sich die Modelle auch in einem gewissen Maße zu überschneiden. Überraschend ist dies nicht, da alle Modelle sich ja letztlich auf ein Phänomen beziehen – das Phänomen der Persönlichkeit. Wir stehen erst am Anfang der Erforschung von Ursachen und Wirkungen individueller Unterschiede. Es ist zu vermuten und zu hoffen, dass dieses Gbiet auch in Zukunft seine Faszination behalten wird. (Hodapp, V. & Rohrmann, S., 2006, 352)

Das unverbundene Nebeneinander der verschiedenen Persönlichkeitstheorien hat dazu geführt, dass sie meist als ganz unterschiedliche – konkurrierende oder gleichberechtigte – *Perspektiven* auf das Gesamtsystem der Persönlichkeit betrachtet werden […]. Die verschiedenen Theorien der Persönlichkeit haben sich zu *Schulen* entwickelt, die eher auf Abgrenzung als auf Integration bedacht sind. (Kuhl, J., 2010, 430)

Literaturverzeichnis

A. Quellenverzeichnis geordnet nach Buchkapiteln

1. Hippokrates (1986 [um 400 v. Chr.]). De natura hominis. In Müri, W. (Hrsg.), *Der Arzt im Altertum*. S. 190 – 199. München u. Zürich: Artemis.
2. Theophrast (1949 [um 319 v. Chr.]). Charakterbilder. In Rüdiger, H. (Hrsg.), *Theophrast. Charakterbilder*. Leipzig: Dietrich.
3. Hildegard von Bingen (1997 [1151 – 1158]). *Heilwissen. Causae et Curae*. Übersetzung: M. Pawlik. Augsburg: Pattloch.
4. Thomasius, Ch. (1692). *Die neue Erfindung einer wohlgegründeten und für das gemeine Wesen höchstnöthigen Wissenschaft, das Verborgene des Hertzens anderer Menschen auch wider ihren Willen aus der täglichen Conversation zu erkennen*. Halle: Salfelds Witwe.
   Thomasius, Ch. (1711). *Weitere Erleuterung durch unterschiedene Exempel des ohnlängst gethanen Vorschlages wegen der neuen Wissenschaft, Anderer Menschen Gemüther erkennen zu lernen*. Halle: Salfelds Witwe.
5. Kant, I. (1923 [1798]). Anthropologie in pragmatischer Hinsicht abgefaßt. In: *Immanuel Kants Werke. Bd. VIII*, 1 – 228. Berlin: Cassirer.
6. Lavater, J. C. (1775 – 1778). *Physiognomische Fragmente zur Beförderung der Menschenkenntniß und Menschenliebe*. Leipzig u. Winterthur: Weidemanns Erben.
7. Bahnsen, J. (1867). *Beiträge zur Charakterologie mit besonderer Berücksichtigung pädagogischer Fragen*. Leipzig: F. A. Brockhaus.
8. Klages, L. (1916). *Prinzipien der Charakterologie*. Leipzig: Barth.
9. Kretschmer, E. (1967 [1921]). *Körperbau und Charakter*. Berlin: Springer.
10. Stern, W. (1994 [1911]). *Die Differentielle Psychologie in ihren methodischen Grundlagen*. (Reprint). Bern: Huber.
11. Stern, W. (1919). *Die menschliche Persönlichkeit*. 2. Aufl., Leipzig: J. A. Barth.
12. Freud, S. (1987 [1923]). Das Ich und das Es. *Gesammelte Werke, XIII*, 235 – 289. Frankfurt/M.: Fischer.
    Freud, S. (1983 [1938]). Abriß der Psychoanalyse. *Gesammelte Werke, XVII*, 63 – 138. Frankfurt/M.: Fischer.
13. Jung, C. G. (1994 [1913]). Zur Frage der psychologischen Typen. *Gesammelte Werke, Bd. 6*, 533 – 543. Solothurn: Walter.

Jung, C. G. (1994 [1921]). Psychologische Typen. *Gesammelte Werke, Bd. 6.* 1 – 529. Solothurn: Walter.

Jung, C. G. (1994 [1936]). Psychologische Typologie. *Gesammelte Werke, Bd. 6,* 577 – 590. Solothurn: Walter.

Jung, C. G. (1994 [1937]). Vorwort zur 7. Auflage. *Gesammelte Werke, Bd. 6,* S. XIII. Solothurn: Walter.

Jung, C. G. (1990 [1960]). *Briefe, Bd. 3,* 3. Aufl., Olten: Walter.

14. Allport, G. W. (1959 [1937]). *Persönlichkeit.* Meisenheim/Glan: A. Hain. Engl. Originaltitel: Personality: A psychological interpretation.

15. Eysenck, H. J. (1954). The sciene of personality: nomothetic! *Psychological Review, 61,* 339 – 342.

Eysenck, H. J. (1987 [1985]). *Persönlichkeit und Individualität.* München: PVU. Engl. Originaltitel: Personality and individual differencies.

16. Wellek, A. (1959 [1954]). Der phänomenologische und der experimentelle Zugang zu Psychologie und Charakterologie. In: von Bracken, H. & David, P. (Hrsg.), *Perspektiven der Persönlichkeitstheorie,* 219 – 233. Bern u. Stuttgart: Huber.

Eysenck, H. J. (1959 [1954]). Charakterologie, Schichtentheorie und Psychoanalyse – eine Kritik. In: von Bracken, H. & David, P. (Hrsg.), *Perspektiven der Persönlichkeitstheorie,* 248 – 256. Bern u. Stuttgart: Huber.

17. Thomae, H. (1959 [1954]). Das Problem der Persönlichkeitsänderung. In: von Bracken, H. & David, P. (Hrsg.), *Perspektiven der Persönlichkeitstheorie,* 196 – 205. Bern u. Stuttgart: Huber.

Thomae, H. (1988 [1968]). *Das Individuum und seine Welt. Eine Persönlichkeitstheorie.* Göttingen: Hogrefe.

18. Mischel, W. (1993 [1971]). *Introduction to Personality.* 5th ed., Fort Worth: Harcourt Bruce Jovanovic.

19. Eysenck, H. J. & Eysenck, M. W. (1987 [1985]). *Persönlichkeit und Individualität.* München: Psychologie Verlags Union.

20. Goldberg, L. R. (1990). An Alternative Description of Personality. *Journal of Personality and Social Psychology, 59,* 1216 – 1229.

21. Eysenck, H. J. (1967). *The biological basis of Personality.* Springfield/Ill.: Thomas.

Eysenck, H. J. & Eysenck, S. B. G. (1969). *Personality Structure and Measurement.* London: Routledge & Keagan Paul.

22. Riemann, R. & Spinath, F. M. (2005). Genetik und Persönlichkeit. In: J. Hennig & P. Netter (Hrsg.), *Biopsychologische Grundlagen der Persönlichkeit.* 539 – 628. München: Elsevier.

23. Hennig, J. & Netter, P. (Hrsg.) (2005). *Biopsychologische Grundlagen der Persönlichkeit.* München: Elsevier.

24. Asendorpf, J. B. & Neyer, F. J. (2012). *Psychologie der Persönlichkeit.* 5. Aufl., Berlin u. Heidelberg: Springer.

25. Herrmann, Th. (1991). *Lehrbuch der empirischen Persönlichkeitsforschung.* 6. Aufl. Göttingen: Hogrefe.

Asendorpf, J. B. & Neyer, F. J. (2012). *Psychologie der Persönlichkeit.* 5. Aufl., Berlin u. Heidelberg: Springer.

26. Hall, C. S. u. Lindzey, G. (1970). *Theories of Personality.* 2nd ed., New York: John Wiley.

Herrmann, Th. & Lantermann, E. D. (Hrsg.)(1985), *Persönlichkeitspsychologie. Ein Handbuch in Schlüsselbegriffen.* München: Urban und Schwarzenberg.

27 Amelang, M. (2005). 100 Jahre Psychologie: Differentielle Psychologie, Persönlichkeitspsychologie und Psychologische Diagnostik. In: Th. Rammsayer & St. Troche (Hrsg.), *Reflexionen der Psychologie,* 31 – 41. Göttingen: Hogrefe.

Fisseni, H.-J. (2003). *Persönlichkeitspsychologie. Ein Theorienüberblick.* 5. Aufl., Göttingen: Hogrefe.

Amelang, M., Bartussek, D. et al. (2006). *Differentielle Psychologie und Persönlichkeitsforschung.* 6. Aufl., Stuttgart: Kohlhammer.

Borkenau, P. et al. (2005). Persönlichkeitspsychologie: Stand und Perspektiven. *Psychologische Rundschau, 56,* 271 – 296.

Hodapp, V. & Rohrmann, S. (2006). Differentielle Psychologie und Persönlichkeitsforschung. In: K. Pawlik (Hrsg.), *Handbuch der Psychologie: Wissenschaft-Anwendung-Berufsfelder.* 337 – 353. Heidelberg: Springer.

Kuhl, J. (2010). *Lehrbuch der Persönlichkeitspsychologie.* Göttingen: Hogrefe.

B.   Sekundärliteratur

Allport, F. H. & Allport, G. W. (1921). Personality Traits. Their classification and measurement. *Journal of Abnormal and Social Psychology, 16,* 1 – 40.

Allport, G. W. (1959 [1954]). Europäische und amerikanische Theorien der Persönlichkeit. In: H. v. Bracken & P. David (Hrsg.), *Perspektiven der Persönlichkeitstheorie.* 13 – 27. Bern u. Stuttgart: Huber.

Amelang, M., Bartussek, D. et al. (2006). *Differentielle Psychologie und Persönlichkeitsforschung.* 6. Aufl., Stuttgart: Kohlhammer.

Asendorpf, B. & Neyer, F. J. (2012). *Psychologie der Persönlichkeit.* 5. Aufl., Berlin: Springer.

Beck, S. J. (1953). The science of Personality: nomothetic or idiographic? *Psychological Review, 60,* 353 – 359.

Binet, A. & Henri, V. (1896). La psychologie individuelle. *Années psychologique, 2,* 411 – 465.

v. Bracken, H. & David, P. (Hrsg.) (1959), *Perspektiven der Persönlichkeitstheorie.* Bern u. Stuttgart: Huber.

Cattell, J. McK. (1890). Mental Tests and Measurements. *Mind,* p. 373 – 381.

Derschka, H. (2014). *Individuum und Persönlichkeit im Hochmittelalter.* Stuttgart: Kohlhammer.

Dessoir, M. (1911). *Abriß einer Geschichte der Psychologie.* Heidelberg: C. Winter.

Dorsch, F. (2009). *Psychologisches Wörterbuch.* Hrsg. Von K.-H. Stapf. 15. Aufl. Bern: Huber.

Eckardt, G. (2010). *Kernprobleme in der Geschichte der Psychologie.* Wiesbaden: Springer Fachmedien.

Eckardt, G. (2013). *Entwicklungs- und Pädagogische Psychologie. Zentrale Schriften und Persönlichkeiten.* Wiesbaden: Springer Fachmedien.

Eckardt, G. (2015). *Sozialpsychologie. Quellen zu ihrer Entstehung und Entwicklung.* Springer Fachmedien.

Fahrenberg, J. (2015). *Theoretische Psychologie. Eine Systematik der Kontroversen.* Lengerich: Pabst Science Publishers.

Fisseni, H.-J. (2003). *Persönlichkeit. Ein Theorien-Überblick.* 5. Aufl., Göttingen: Hogrefe.

Galton, F. (1883). *Inquiries into human faculty and ist development.* London: Mcmillan.

Grabowski, J. (2014). Nachruf auf Theo Herrmann. *Psychologische Rundschau, 65,* 31 – 33.

Graumann, C. F. (1989). Stichwort ‚Persönlichkeit' (II). In: J. Ritter & K. Gründer (Hrsg.). *Historisches Wörterbuch der Philosophie VIII,* 352 – 354. Basel: Schwabe.

Herrmann, Th. & Lantermann, E. D. (Hrsg.) (1985), *Persönlichkeitspsychologie. Ein Handbuch in Schlüsselbegriffen.* München: Urban & Schwarzenberg.

Hilgard, E. R. (1987). *Psychology in America. A historical survey.* San Diego: Harcourt Brace Jovanovic.

John, I., Löther, R. & Senglaub, K. (1982). *Geschichte der Biologie.* Jena: Fischer.

Jung, C. G. (1990). *Briefe, Bd. 3.* Olten: Walter.

Kant, I. (1957). *Gesammelte Schriften. 25.1 und 25.2:* Vorlesungen. Berlin: de Gruyter.

Kapferer, R. (Hrsg.) (1934). *Die Werke des Hippokrates.* Stuttgart u. Leipzig: Hippokrates-Verlag.

Klages, L. (1929). *Der Geist als Widersacher der Seele.*Leipzig: Barth.

Kroon, L. (1990 [1960]). Brief an C. G. Jung. In: C. G. Jung: *Briefe, Bd. 3, 3.* Aufl., Olten: Walter.

Kuhl, J. (2010). *Lehrbuch der Persönlichkeitspsychologie. Motivation, Emotion und Selbststeuerung.* Göttingen: Hogrefe.

Lück, H. E. (2016). *Die psychologische Hintertreppe. Die bedeutenden Psychologinnen und Psychologen in Leben und Werk.* Freiburg: Herder.

Lück, H. E. & Guski-Leinwand, S. (2014). *Geschichte der Psychologie.* 7. Aufl., Stuttgart: Kohlhammer.

Marquard, O. (1971). Stichwort ‚Anthropologie'. In: J. Ritter (Hrsg.), *Historisches Wörterbuch der Philosophie, I,* 362 – 374. Basel: Schwabe.

Pawlik, K. (1994). *Einleitung zu W. Stern: Die Differentielle Psychologie* [Reprint]. Bern: Huber.

Pawlik, K. (Hrsg.) (2006). *Handbuch Psychologie.* Heidelberg: Springer.

Pawlik, K. (2015). Psychologiegeschichte und kumulative Wissenschaft. *Psychologische Rundschau, 66,* 178.

Pekrun, R. (1996). Geschichte von Differentieller und Persönlichkeitspsychologie. In: K. Pawlik (Hrsg.). *Grundbegriffe und Methoden der Differentiellen Psychologie* [= Enzyklopädie der Psychologie, C VIII/1, 85 – 123]. Göttingen: Hogrefe.

Pervin, L. A., Cervone, D. & John, O. P. (2005).*Persönlichkeitstheorien.* München u. Basel: Reinhardt.

Plaum, E. (1990). Geschichte der Differentiellen und Persönlichkeits-Psychologie. In: E. G. Wehner (Hrsg.), *Geschichte der Psychologie,* 52 – 75. Darmstadt: Wissenschaftliche Buchgesellschaft.

Revers, W. J. (1960). Philosophisch orientierte Theorien der Person und Persönlichkeit. In: Ph. Lersch, F. Sander & H. Thomae (Hrsg.), *Handbuch der Psychologie, 4,* 391 – 436. Göttingen: Hogrefe.

Rüdiger, H. (1949). *Einleitung zu Theophrast. Charakterbilder.* Leipzig: Dietrich.

Schneewind, K. A. (1992). *Persönlichkeitstheorien, 1., 2. Aufl.*, Darmstadt: Wissenschaftliche Buchgesellschaft.

Schönpflug, W. (2000). *Geschichte und Systematik der Psychologie*. Weinheim: Beltz PVU.

Schönpflug, W. et al. (2015). Memorandum zur Lage und zur Zukunft des Faches Geschichte der Psychologie. *Psychologische Rundschau, 66*, 176.

Schopenhauer, A. (1989 [1819]). Die Welt als Wille und Vorstellung. *Sämtliche Werke, 1 & 2*. Darmstadt: Wissenschaftliche Buchgesellschaft.

Spearman, Ch. E. (1904). General Intelligence objectively determined and measured. *American Journal of Psychology, 15*, 201 – 223.

Stemmler, G., Hagemann, D. et al. (2011). *Differentielle Psychologie und Persönlichkeitsforschung*. 7. Aufl., Stuttgart: Kohlhammer.

Stern, W. (1900). Über die Psychologie der individuellen Differenzen (Ideen zu einer differentiellen Psychologie). Leipzig: Barth.

Watson, R. I. (1978 [1963]). *The Great Psychologists*. 4th ed., Philadelphia: Lippincott.

Weber, H. & Rammsayer, Th. (Hrsg.) (2005). *Handbuch der Persönlichkeitspsychologie und Differentiellen Psychologie*. Göttingen: Hogrefe.

The manufacturer's authorised representative in the EU is Springer
Nature Customer Service Centre GmbH, Europaplatz 3, 69115 Heidelberg,
Germany. If you have any concerns regarding our products, please
contact ProductSafety@springernature.com

Printed and bound by CPI Group (UK) Ltd, Croydon, CR0 4YY
27/04/2026
02097658-0003